Table des matières

Conseils pour l'enseignement

Éveiller l'intérêt des élèves

Aidez les élèves à mieux comprendre et apprécier les divers concepts en mettant à leur disposition, dans un coin de la classe, des livres informatifs, des images et des collections reliés aux sujets étudiés qui les encourageront dans leur apprentissage.

Activité « Ce que je pense savoir/ Ce que j'aimerais savoir »

Présentez chaque module de sciences en demandant aux élèves ce qu'ils pensent savoir et ce qu'ils aimeraient savoir du sujet. Cette activité peut être faite en groupe classe (au moyen d'un remue-méninges), en petits groupes ou individuellement. Une fois que les élèves ont pu répondre aux questions, rassemblez l'information trouvée afin de créer un tableau de classe que vous pourrez afficher. Tout au long de l'apprentissage, évaluez les progrès que font les élèves afin d'atteindre leur objectif, pour ce qui est des connaissances qu'ils veulent acquérir, et afin de confirmer ce qu'ils pensent savoir.

Vocabulaire

Notez, sur une feuille grand format, le nouveau vocabulaire relié au sujet étudié, afin que les élèves puissent s'y reporter. Encouragez les élèves à utiliser ce vocabulaire spécialisé. Classez les mots dans les catégories noms, verbes et adjectifs. Invitez aussi les élèves à concevoir leur propre dictionnaire de sciences dans leur cahier d'apprentissage.

Cahier d'apprentissage

Un cahier d'apprentissage permet à chaque élève d'organiser ses réflexions et ses idées au sujet des concepts de sciences présentés et étudiés. L'examen de ce cahier vous aide à choisir les activités de suivi qui sont nécessaires pour passer en revue la matière étudiée et pour clarifier les concepts appris.

Un cahier d'apprentissage peut contenir :

• des conseils de l'enseignante ou enseignant
• des réflexions de l'élève
• des questions soulevées
• des liens découverts
• des schémas et images avec étiquettes
• les définitions des nouveaux mots

Ton système respiratoire

Inspire, expire, inspire, expire. Tu n'y penses même pas, mais tu respires constamment. Tu dois le faire parce que la respiration te procure l'oxygène dont tes cellules ont besoin pour fonctionner. La respiration te débarrasse du dioxyde de carbone que tes cellules produisent.

Le trajet que suit l'air inspiré

Quand tu inspires, l'air pénètre dans ton nez et ta bouche. L'air passe par tes fosses nasales, où il est réchauffé et filtré. Puis il passe dans la partie principale de ta gorge, ou pharynx, pour se rendre dans le larynx, où se trouvent tes cordes vocales. Il entre ensuite dans la trachée, qui se divise en deux bronches menant chacune à un poumon. Les bronches se divisent en plus petits tubes appelés « bronchioles ». Ce système de tubes aboutit à tes poumons.

L'oxygène entre, le dioxyde de carbone sort

Au bout des bronchioles, il y a de petits sacs appelés « alvéoles ». C'est là que ton sang prend l'oxygène que tu as respiré, et qu'il se débarrasse du dioxyde de carbone que tu vas expirer.

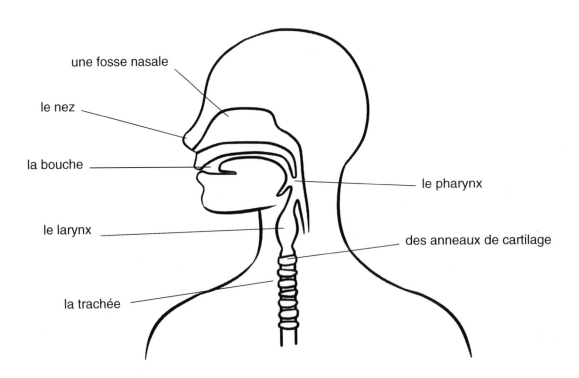

Tes poumons en action

Tu as deux poumons : le droit et le gauche.

Sous tes poumons, il y a un muscle qu'on appelle « diaphragme ». Lorsque ton diaphragme se contracte, tes poumons se dilatent et se remplissent d'air. Tu inspires. Quand le diaphragme se relâche, l'air est éjecté des poumons. Tu expires. Quand tu es assis sans bouger, tu respires environ 20 fois la minute. Ce nombre peut doubler quand tu cours.

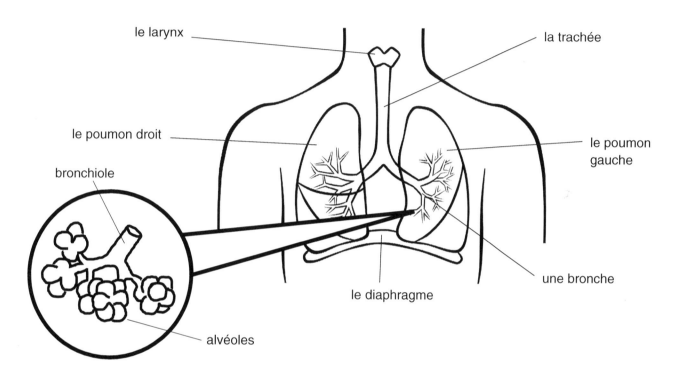

le larynx — la trachée

le poumon droit — le poumon gauche

bronchiole

une bronche

le diaphragme

alvéoles

Collant et visqueux

Dans ton nez, des glandes muqueuses produisent une substance visqueuse, le mucus. Le mucus garde ton nez humide; il retient aussi les saletés et les microbes. Il te garde en santé.

Touche ces anneaux

Ta trachée est faite d'anneaux de cartilage ferme et flexible. Tu peux sentir ces anneaux quand tu passes tes doigts le long du devant de ton cou.

À cause de la fumée

Des poumons en santé sont roses et propres. Mais les poumons d'une fumeuse ou d'un fumeur sont gris foncé et pleins de saletés. C'est parce que les produits chimiques présents dans la fumée de cigarette endommagent la trachée. Celle-ci ne peut plus empêcher les saletés d'entrer dans le corps. De plus, les bronchioles dans les poumons se remplissent du goudron provenant de la cigarette. Les poumons de la fumeuse ou du fumeur ne peuvent donc plus fonctionner correctement et rendent difficile la respiration.

« Ton système respiratoire » - Penses-y!

1. Le diagramme ci-dessous montre le trajet que suit l'air quand tu respires. (Les flèches blanches représentent l'inspiration, et les flèches noires représentent l'expiration.) Complète le diagramme en indiquant les parties appropriées du système respiratoire.

a) Les deux endroits où l'air pénètre et ressort : _____ et _____

b) L'espace dans le nez où l'air est réchauffé et filtré : _____

c) La partie principale de la gorge : _____

d) Le tube dans la gorge où se trouvent les cordes vocales : _____

e) Ce qui dirige l'air vers le poumon droit ou le poumon gauche : _____

f) Les petits conduits d'air aux extrémités des bronches : _____

g) Là où l'oxygène est diffusé dans le sang et où le dioxyde de carbone en est évacué : _____

2. Explique les effets que peut avoir un rhume sur ton système respiratoire.

_____

_____

_____

_____

_____

Expérience : Combien d'air?

Combien d'air y a-t-il dans une seule inspiration? Tente cette expérience pour le découvrir.

Tu as besoin :

- d'un évier ou d'un gros bol   • d'eau   • d'une paille flexible
- d'une bouteille de boisson gazeuse de 2 L en plastique, avec bouchon
- d'une tasse à mesurer   • d'une ou d'un partenaire

Marche à suivre :

1. Remplis entièrement la bouteille d'eau, puis visse le bouchon. Ensuite, remplis l'évier ou le bol à moitié d'eau.

2. Retourne la bouteille et place-la dans l'eau de manière que le bouchon soit sous l'eau. Enlève le bouchon pendant que la bouteille est sous l'eau. Assure-toi que l'air ne pénètre pas dans la bouteille.

3. Demande à ta ou ton partenaire de tenir la bouteille. Glisse une extrémité de la paille dans l'ouverture de la bouteille. Prends une grande inspiration, puis souffle dans la paille. L'air que tu as soufflé ira dans la bouteille.

4. Pendant que ta ou ton partenaire maintient le haut de la bouteille dans l'eau, visse le bouchon sur l'ouverture.

5. Sors la bouteille de l'eau. Retourne-la et enlève le bouchon. Remplis la tasse à mesurer d'eau. (N'utilise pas l'eau de la bouteille.) Note la quantité d'eau qu'il y a dans la tasse à mesurer.

6. Verse lentement l'eau de la tasse à mesurer dans la bouteille jusqu'à ce que la bouteille soit pleine. Examine les mesures sur la tasse à mesurer pour savoir quelle quantité d'eau il a fallu pour remplir la bouteille.

7. Refais l'expérience, mais, cette fois, laisse ta ou ton partenaire souffler de l'air dans la bouteille.

Penses-y!

1. Quelle quantité d'eau a-t-il fallu pour remplir la bouteille?

   Toi : _____   Ta ou ton partenaire : _____

2. Quelle quantité (ou volume) d'eau as-tu versée dans la bouteille à l'étape 6? Quel volume d'air as-tu soufflé dans la bouteille à l'étape 3? Explique pourquoi les deux volumes sont les mêmes.

   _____

   _____

Ton système circulatoire

Ton système circulatoire fournit nourriture et oxygène aux cellules de ton corps. C'est le sang qui transporte ces sources d'énergie. Le sang débarrasse tes reins de ses déchets. Il transporte aussi des messagers chimiques partout dans ton corps.

Ton cœur

Ton cœur est un muscle qui a à peu près la taille de ton poing. Le sang pénètre dans le cœur, qui le pompe dans les poumons, où le sang absorbe de l'oxygène. Le sang retourne ensuite dans le cœur, qui le pompe partout dans ton corps.

En une journée seulement, ton cœur bat environ 100 000 fois. Il fait circuler 7 600 L de sang chaque jour. Le cœur est un muscle qui travaille très fort.

Tes vaisseaux sanguins

Les vaisseaux sanguins sont de petits conduits dans lesquels circule ton sang. Tes artères transportent le sang riche en oxygène, de ton cœur aux cellules de ton corps. Tes veines transportent le sang dépouillé de son oxygène, des cellules jusqu'à ton cœur.

Si tu étirais ce réseau, il mesurerait environ 100 000 km de long.

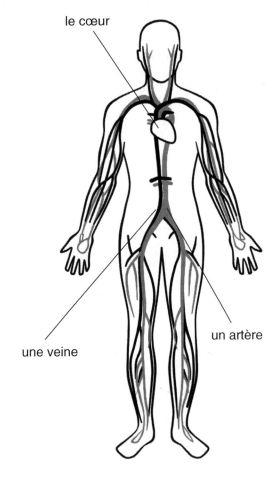

le cœur

une veine

un artère

Ton sang

Le corps d'un adulte moyen contient 5 L de sang. Chaque goutte transporte de la nourriture, des substances chimiques, des déchets et des milliards de cellules sanguines partout dans ton corps.

Dans chaque goutte de sang :

375 000 globules blancs combattent les microbes et les infections;

13 000 000 plaquettes aident ton sang à former des croûtes sur tes blessures;

250 000 000 globules rouges transportent l'oxygène dont ont besoin tes cellules.

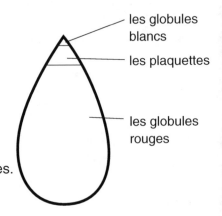

les globules blancs

les plaquettes

les globules rouges

« Ton système circulatoire » - Penses-y!

1. Prends ton pouls

À chaque battement de ton cœur, le sang circule dans tes artères. Les artères se dilatent légèrement quand le sang y passe. C'est ton pouls. Tu peux le sentir là où tes artères sont le plus près de ta peau : ton poignet et ton cou.

Trouve la fréquence de ton pouls. Place un doigt sur l'intérieur de ton poignet. N'utilise pas ton pouce. Peux-tu sentir un battement? Compte le nombre de battements pendant une minute.

a) Mon pouls au repos est de _____ battements la minute.

Fais du jogging sur place ou cours à l'extérieur pendant quelques minutes. Puis reprends ton pouls.

b) Mon pouls après l'exercice est de _____ battements la minute.

c) Lequel des deux nombres est le plus élevé? _____

2. Des pouls multiples

Place deux doigts de ta main droite sur le côté droit de ton cou. Place-les juste sous ta mâchoire. Tu vas sentir un pouls parce que le sang passe dans l'artère carotide, en route vers ta tête.

Laisse tes doigts sur ton cou. Place les doigts de ta main gauche sur ton poignet droit pour sentir le pouls à cet endroit.

a) Concentre-toi sur les deux pouls que tu peux sentir. Lequel est le plus fort?

_____

b) Lequel peux-tu sentir en premier?

_____

c) Comment peux-tu expliquer ces résultats?

_____

_____

_____

_____

Ton appareil digestif

L'oxygène est une importante source d'énergie pour ton corps. La nourriture aussi. La nourriture fournit aux cellules de ton corps l'énergie dont ton corps a besoin pour respirer, bouger et faire beaucoup d'autres choses. La nourriture fournit aussi à ton corps des protéines, des vitamines et des minéraux.

Prends une bouchée

La digestion commence quand tu prends une bouchée de nourriture. La nourriture est réduite en petits morceaux et mouillée. Puis ta langue la pousse dans ton œsophage, qui la presse et la pousse dans ton estomac.

Dans ton estomac

Ton estomac est une grosse poche où la nourriture est décomposée. Les muscles de ton estomac pressent la nourriture. Les sucs digestifs la dissolvent. Ces sucs sont produits par le foie, le pancréas et la vésicule biliaire.

Tes deux intestins

La nourriture passe de ton estomac à un conduit sinueux appelé « intestin grêle ». C'est là que les nutriments sont extraits de la nourriture. Ce qui reste passe dans le gros intestin, qu'on appelle « côlon ». Dans le côlon, l'eau est absorbée et les déchets forment des morceaux.

Les déchets

Les déchets passent ensuite dans ton système excrétoire. Le surplus d'eau, ou urine, va dans ta vessie. Il reste là jusqu'à ce que tu ailles aux toilettes. Les déchets solides sortent de ton corps par un conduit appelé « rectum ».

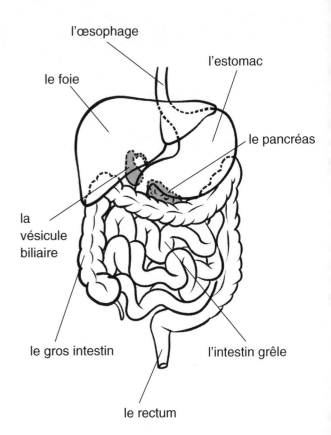

l'œsophage

l'estomac

le foie

le pancréas

la vésicule biliaire

le gros intestin

l'intestin grêle

le rectum

« Ton appareil digestif » - Penses-y!

1. Dresse la liste des organes par lesquels la nourriture passe dans ton système digestif, du premier au dernier.

   intestin grêle   rectum   estomac   œsophage   gros intestin   bouche

   a) _____   d) _____

   b) _____   e) _____

   c) _____   f) _____

2. Lesquels des organes mentionnés à la question 1 sont des conduits? Encercle-les dans la liste.

3. Comment pourrais-tu fabriquer un modèle de l'appareil digestif? Dresse une liste de matériaux que tu pourrais utiliser. Associe chaque matériau à une partie de l'appareil digestif. Si on vous en donne le temps, formez un groupe, quelques camarades et toi, et fabriquez le modèle.

   _____

   _____

   _____

   _____

   _____

   _____

4. **Touche tes dents** : Tes dents constituent une partie importante de ton appareil digestif. Lave tes mains avec soin. Puis touche tes dents pour en connaître la forme.

   a) Quels dents pourraient facilement arracher des morceaux d'une pomme? Pourquoi penses-tu cela?

   b) Quels dents pourraient facilement écraser la nourriture? Explique ta réponse.

   _____

   _____

   _____

   _____

   _____

Tes os et ton squelette

Les adultes ont 206 os. Chaque main compte 27 os, et chaque pied en compte 26.

Les os ont différentes formes. Tes 12 paires de côtes sont recourbées. Elles forment une cage protectrice dans ta poitrine. Il y a un os droit dans chacune de tes jambes qui va de la hanche au genou. Ces os sont les plus longs dans ton corps. Le plus petit os dans ton corps se trouve dans ton oreille. Il a la forme de l'étrier suspendu à une selle.

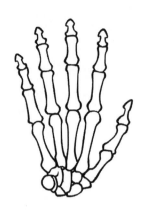

Des liens solides

Les os s'unissent les uns aux autres aux articulations. Tu as environ 360 articulations, y compris tes genoux, tes coudes et tes hanches. Le cartilage est un tissu résistant et flexible. Il recouvre les extrémités de tes os aux articulations. Le cartilage donne aussi leur forme à ton nez et à tes oreilles.

Aux articulations, les os sont reliés par les ligaments. Les ligaments sont des lanières faites de tissu résistant et flexible. Il y a divers types d'articulations dans ton corps, et chaque type a un travail différent à faire. Ils bougent aussi de différentes façons. Ton genou, par exemple, est une articulation à charnière. Son mouvement est celui d'une charnière de porte.

Penses-y!

1. Regarde les types d'articulations ci-dessous. Bouge ton corps. Peux-tu trouver, dans ton corps, des articulations qui bougent comme les objets ci-dessous? Écris tes idées.

   a) Articulation à charnière _____

   b) Articulation sphéroïde _____

   c) Articulation pivot _____

2. Donne un exemple de la façon dont tes os soutiennent ton corps.

   _____

3. Comment les os protègent-ils ton corps? Donne un exemple.

   _____

4. Comment les os et les articulations te permettent-ils de bouger?

   _____

   _____

Tes muscles

Tes os et tes articulations ne peuvent pas bouger sans tes muscles. Il y a environ 660 muscles dans ton corps. Les muscles squelettiques donnent sa forme à ton corps et lui servent de support.

Le diaphragme est un autre muscle important. Il a la forme d'un dôme et est placé sous tes poumons. Il presse tes poumons quand tu expires. Les muscles dans tes intestins font leur travail sans que tu t'en rendes compte.

À deux

Les muscles peuvent seulement tirer les os et les articulations; ils ne peuvent pas les pousser. Les muscles travaillent donc souvent à deux. Le biceps, par exemple, fait plier ton bras. Le triceps le redresse. Il le fait en tirant l'arrière de ton coude. Touche ton bras et tu vas sentir tes muscles travailler.

Les tendons résistants

Chaque muscle se rétrécit à son extrémité jusqu'à devenir une sorte de cordon. Ce tissu dense et résistant s'appelle « tendon ». Les tendons sont joints aux os. Quand un muscle se contracte, le tendon tire sur l'os.

Le muscle de ta mâchoire est le muscle le plus fort dans ton corps. Ta langue est un muscle qui te permet de communiquer et de manger. Un sourire nécessite la participation d'environ 16 muscles.

« Tes muscles » - Penses-y!

1. a) Dresse une liste d'au moins quatre métiers pour lesquels il est important d'avoir de bons muscles. Justifie ta réponse.

_____

_____

_____

b) Donne trois façons dont une personne qui travaille toute la journée à un bureau utilise ses muscles. Justifie ta réponse.

_____

_____

_____

2. Quel muscle t'aide à respirer? _____

_____

_____

3. Quels muscles font plier tes bras? _____

_____

_____

4. Quels muscles redressent tes bras? _____

_____

_____

5. Quel muscle pompe ton sang? _____

_____

Touche un tendon

Tu peux sentir ton tendon d'Achille. C'est l'un des plus gros tendons dans ton corps. Pince la partie inférieure de ta jambe, juste au-dessus de ton talon. Le tendon semble aussi dur qu'un os. Mais quand tu appuies dessus, il plie légèrement. Le tendon d'Achille relie les muscles de ton mollet à ton talon. Il te permet de soulever ton pied quand tu marches.

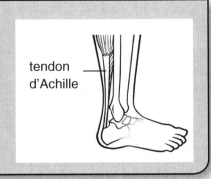

tendon d'Achille

Ton système nerveux

Sentir au toucher, voir, entendre, bouger, penser. Tu peux faire tout cela en même temps, grâce à ton système nerveux. C'est le centre de contrôle de ton corps. Il règle automatiquement beaucoup des processus de ton corps.

Le cerveau de l'opération

Le système nerveux central se compose de ton cerveau et de ta moelle épinière. Ils sont reliés au reste de ton corps par un réseau de neurones.

Les nerfs transmettent des messages au moyen de l'électricité et de substances chimiques. Ces messages vont à ton cerveau ou partent de là.

Cela a du sens

Tu possèdes cinq sens : la vue, l'ouïe, l'odorat, le goût et le toucher. Tes yeux, tes oreilles, ton nez, ta bouche et ta peau envoient tous des messages à ton cerveau. Ton cerveau traite les messages et te permet d'être conscient de ton environnement et d'y réagir.

Une question de survie

Ton système nerveux est essentiel à ta survie. Si tu touches quelque chose de chaud, par exemple, tu retires vite ta main. Cette réaction est automatique; c'est un réflexe. Si tu vois une voiture qui se dirige vers toi à toute vitesse, tes yeux envoient un message à ton cerveau. Ton cerveau envoie un message à tes pieds pour qu'ils se mettent à courir.

Tes cinq sens communiquent avec ton cerveau quand tu manges une glace.

froide   croustillant
sucrée   chocolat
        brune

Un système étonnant

Il y a des milliers de kilomètres de nerfs dans ton corps. Placés bout à bout, tes nerfs pourraient encercler la Terre deux fois! Tes nerfs livrent des messages à 430 km/h.

Des neurones vont de ta moelle épinière jusqu'à tes orteils. Ce sont les plus longues cellules dans ton corps. Les neurones sont incroyablement étroits, mais mesurent 1,2 m de long.

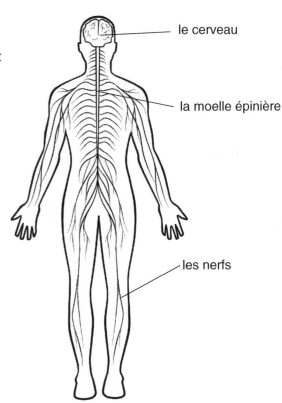

le cerveau

la moelle épinière

les nerfs

Penses-y!

Rédige une description du travail qu'ont fait tes nerfs au cours d'un jeu auquel tu as joué. Utilise tes idées ainsi que l'information tirée du texte. Indice : Pense à ton corps et à tes sens.

_____

_____

_____

_____

Nourris ton cerveau

Pendant la nuit, tu dors et tu ne manges pas. Ton cerveau a besoin d'une source d'énergie quand tu te réveilles. Les spécialistes ont prouvé qu'un cerveau « affamé » éprouve des troubles de mémoire. Alors, rends service à ton cerveau : déjeune! Des aliments contenant des protéines, comme les œufs et les noix, sont très bons pour ton cerveau le matin. Le gruau et le pain multigrain sont aussi de bons aliments pour le déjeuner.

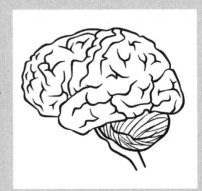

1re expérience : Évalue tes réflexes

Voici une expérience très simple qui te permettra d'évaluer tes réflexes. Tu as besoin d'une règle et d'une autre personne.

1. Tiens la règle près de l'extrémité où est noté le plus haut nombre et laisse pendre la règle. Demande à l'autre personne de placer sa main sous l'autre extrémité. Elle doit être prête à attraper la règle, mais ne doit pas la toucher.

2. Dis-lui que tu vas bientôt laisser tomber la règle. Elle devra attraper la règle aussitôt que possible après que tu l'auras laissé tomber. Note le nombre de centimètres sur la règle, là où l'autre personne l'a attrapée. Tente l'expérience à quelques reprises, en variant le moment où tu laisses tomber la règle après en avoir averti l'autre personne. Puis inversez les rôles et recommencez.

Plus le nombre de centimètres est petit, plus tes réflexes sont rapides. Que se produit-il quand tu fais l'expérience plusieurs fois? Attrapes-tu la règle plus rapidement? Tente l'expérience dans une pièce moins bien éclairée. Note tes résultats. Tes réflexes sont-ils plus rapides ou plus lents?

2e expérience : Trouve ta tache aveugle

Tu crois peut-être que ta vue est très bonne, mais savais-tu que tu as une tache aveugle? Il s'agit d'un point où tu ne peux rien voir. Habituellement, tu ne te rends pas compte que la tache existe. Voici une expérience pour t'aider à la trouver.

1. Ferme ton œil droit et tiens cette feuille à bout de bras.
2. Regarde le point avec ton œil gauche. Tu devrais pouvoir aussi voir le +.
3. Rapproche lentement la feuille de ton visage. Le + va disparaître à un moment donné.

Tu peux faire la même expérience pour ton œil droit en fermant ton œil gauche, puis en te concentrant sur le +.

Que se passe-t-il? Des vaisseaux sanguins et un nerf important passent dans le fond de ton œil. Des millions de cellules dans ton œil reçoivent des messages et envoient de l'information à ton cerveau. Mais il n'y a aucune cellule à cet endroit. Tu as donc une tache aveugle.

3e expérience : Joue un tour à ton cerveau

Croise l'index et le majeur d'une de tes mains. Maintenant, touche ton nez avec tes doigts croisés. La plupart des gens ont alors l'impression qu'ils ont deux nez. Pourquoi, à ton avis?

Vue d'ensemble du système ou de l'appareil

Rédige une description de ce système ou de cet appareil chez l'être humain.

Dresse une liste des parties du corps qui composent ce système ou cet appareil.

Comment ces parties fonctionnent-elles ensemble?

Comment le corps humain utilise-t-il ce système ou cet appareil?

Le soleil et la vitamine D

Tu dois faire des choix pour avoir un corps sain, des choix concernant ton alimentation et tes activités physiques. Tu vas peut-être aussi décider de ne pas passer trop de temps au soleil pour éviter qu'il brûle ta peau.

Le cancer de la peau est causé par une exposition prolongée au soleil. Mais ton corps a besoin du soleil pour produire de la vitamine D. Alors, comment peux-tu obtenir suffisamment de cet élément nutritif sans pour autant que ta peau en souffre?

Pourquoi tu as besoin de la vitamine D

La vitamine D permet à tes os de se développer et d'être solides. Tes os contiennent du calcium et d'autres minéraux. Ils ont besoin de vitamine D pour bien absorber ces minéraux.

Pourquoi les gens manquent-ils de vitamine D?

Ton corps produit beaucoup de vitamine D quand il est exposé au soleil. Les gens qui en manquent passent peut-être moins de temps au soleil afin de protéger leur peau. Ou peut-être que, dans la région où ils vivent, ils ne peuvent pas s'exposer souvent au soleil, surtout s'il fait très froid et qu'ils portent beaucoup de vêtements. Plus on s'éloigne de l'équateur, moins les rayons du soleil sont forts. Les gens qui vivent loin de l'équateur manquent donc de vitamine D.

Une crème solaire réduit aussi l'effet des rayons du soleil sur ta peau. Une crème solaire avec un FPS 15 peut empêcher à 99 % la production de vitamine D dans ton corps.

Réfléchis bien!

Sur une autre feuille de papier, rédige une ébauche d'une publicité radio qui explique les bienfaits de la vitamine D. Lis ton ébauche à ta classe. Mais avant, vérifie ton ébauche en te servant de cette liste :

☐ Ma publicité dure de 15 à 30 secondes.

☐ Ma publicité transmet un message clair au sujet des bienfaits de la vitamine D.

☐ J'ai conçu cette publicité pour éveiller l'intérêt de mon public cible (les enfants ou les adultes).

☐ Je me suis exercé(e) à lire ma publicité de manière expressive.

« Le soleil et la vitamine D » - Penses-y!

1. Quelles précautions peux-tu prendre pour éviter les dommages causés à ta peau par le soleil?

_____

_____

_____

2. Tu as besoin d'une heure de lumière solaire chaque semaine. Remplis le tableau ci-dessous. Indiques-y le nombre de minutes que tu passes au soleil chaque jour (en moyenne).

	lundi	mardi	mercr.	jeudi	vendr.	sam.	dim.
Nombre de minutes au soleil							

Temps au total pendant une semaine moyenne : _____ minutes.

Si tu n'as pas passé une heure au soleil pendant la semaine, que pourrais-tu faire pour augmenter le temps passé au soleil?

_____

_____

3. Dresse une liste des avantages et des inconvénients d'une exposition prolongée au soleil.

Avantages	Inconvénients

Une alimentation saine - Sujets de journal

Une alimentation équilibrée t'aide à rester en santé. Voici quelques questions qui te feront réfléchir sur tes habitudes alimentaires.

1 À ton avis, pourquoi une alimentation équilibrée est-elle importante?

2 À ton avis, quels effets ton alimentation a-t-elle sur ton corps et sur comment tu te sens?

3 Les médias influencent-ils tes habitudes alimentaires? Explique ta réponse.

4 À ton avis, quelles sont les différences entre une collation et une friandise?

5 Tes habitudes alimentaires changent-elles? Manges-tu de la même façon, que tu sois à la maison ou que tu sois avec des amis ou au restaurant? Explique ta réponse.

6 Que peux-tu faire pour maintenir un poids santé?

7 Aimes-tu déjeuner? Pourquoi?

8 Y a-t-il des aliments que tu refuses de manger? Pourquoi?

9 Nomme certains de tes aliments préférés. Pourquoi sont-ils tes préférés?

10 Vérifies-tu l'information nutritionnelle sur les produits que tu manges? Pourquoi?

11 Est-il plus facile ou plus difficile de maintenir une alimentation équilibrée quand on mange des aliments prêts-à-servir (aliments surgelés, aliments en conserve, repas-minute)? Explique ta réponse.

Bonne condition physique et santé

Ton corps se compose de divers systèmes et appareils, y compris le système respiratoire et le système musculaire. Ces deux systèmes travaillent en collaboration pour te permettre de faire les activités de ton choix. Pour les maintenir en santé, tu dois rester en forme. Tu peux y arriver en faisant régulièrement de l'exercice.

C'est formidable d'être en forme

Quand tu es en forme, ton cœur pompe de manière plus efficace. Tes muscles sont plus forts. Tu es plus flexible et tes articulations bougent plus facilement. Tu n'es pas aussi souvent malade et tes blessures guérissent plus vite. Ton équilibre est aussi meilleur. Tu réussis donc mieux dans des sports comme le ski, le kayak et le hockey.

Pour bien te sentir

Ressens-tu du stress? Être en forme t'aidera à régler ce problème. Les gens qui font des exercices ressentent moins de stress. De plus, les exercices peuvent te mettre de meilleure humeur. Quand tu fais de l'exercice, ton cerveau libère des substances chimiques qui font que tu te sens plus heureuse ou heureux.

Zzzzzz

Les personnes en forme dorment mieux. Elles s'endorment plus vite et dorment plus profondément.

L'usage du tabac

Si tu veux rester en forme et en santé, ne fume pas. Fumer est nuisible pour ton système respiratoire. L'usage du tabac a aussi des effets sur ton corps entier puisque tous tes système sont reliés.

Chaque jour

Tu as besoin d'environ 60 minutes d'exercice par jour. Cela peut sembler beaucoup, mais dis-toi que tu fais de l'exercice chaque fois que tu montes un escalier ou que tu te rends chez un ami à pied. Tu fais aussi de l'exercice quand tu soulèves une pile de livres. Essaie de faire travailler tous tes muscles chaque jour en faisant divers exercices.

Te maintenir en forme t'aidera à vivre plus longtemps et à rester en santé.

« Bonne condition physique et santé » - Penses-y!

1. Dresse une liste de quatre mesures que tu peux prendre pour rester en santé.

_____

_____

_____

_____

2. Remplis la toile d'idées ci-dessous en y indiquant les bienfaits que tu retires quand tu restes en forme.

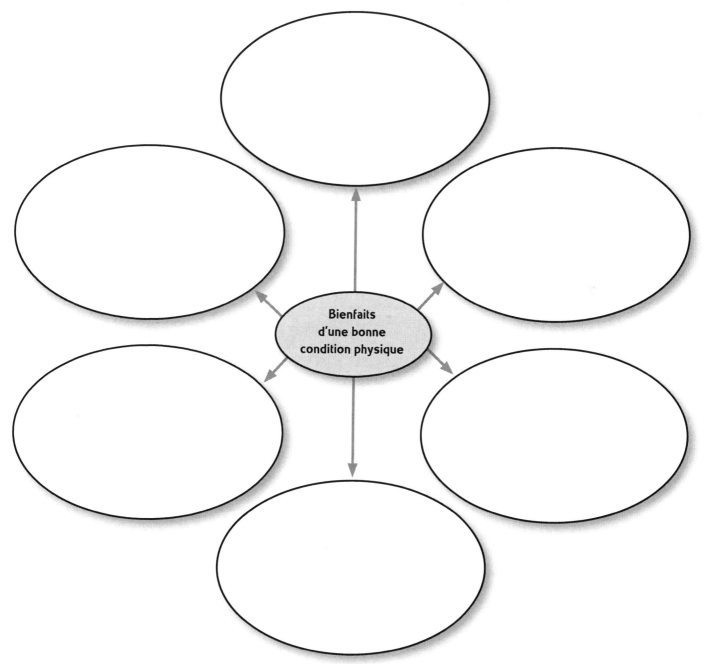

Conçois un jeu sur le corps humain

Tu as besoin :

- de ciseaux   • de colle   • de deux dés   • de papier de bricolage
- de matériel de coloriage
- d'un plateau pour ton jeu, comme un gros morceau de carton épais, une boîte à pizza propre ou une chemise de classement

Marche à suivre :

1. Choisis le plateau de ton jeu.

2. Dessine le trajet que les pions suivront. Tu peux choisir un trajet en forme de U, de L, de carré ou d'ovale. Ton trajet devrait contenir au moins 50 cases.

3. Ajoute des espaces où tu placeras les cartes de questions, faites de papier épais. Écris (en lettres moulées ou en écriture cursive) des questions sur les cartes et des instructions dans certaines des cases du plateau.

4. Joue toi-même à ton jeu pour t'assurer qu'il n'est pas trop difficile ou que le plateau comporte suffisamment de cases.

5. Pour les pions, découpe de petits personnages dans du papier ou sers-toi d'autres petits objets.

6. Fais de beaux dessins colorés sur le plateau afin que les gens sachent que son thème est le corps humain.

7. Écris les règles du jeu.

Règles du jeu

- Comment les joueurs se déplacent-ils sur le plateau? Voici quelques idées :
  - en lançant des dés
  - en tirant une carte et en répondant à une question
  - en suivant les instructions dans les cases du plateau
- Y a-t-il une pénalité pour une mauvaise réponse?
- Combien de personnes peuvent y jouer?

Idées pour les questions

Écris des questions au sujet du corps humain pour mettre les connaissances des joueurs à l'épreuve. Crée diverses catégories :

- vrai ou faux
- explication
- choix multiple

Idées pour les cases

- passe un tour
- recule de 5 cases
- lance de nouveau les dés

Deux forces de base : la poussée et la traction

Une force est quelque chose qui peut changer la vitesse, la forme ou la direction d'un objet. Les forces de poussée et de traction peuvent faire les trois. Voici quelques exemples :

La poussée

- Tu te promènes sur ta planche à roulettes et tu veux accélérer. Tu te sers de ton pied pour pousser vers l'arrière sur le trottoir. Cette poussée te fait aller plus vite.
- Tu tiens une boule d'argile mouillée. Tu appuies dessus. La force de poussée change la forme de l'argile. Elle n'a plus la forme d'une boule.
- Un ballon de soccer roule vers toi. Tu peux le pousser dans une autre direction.

La traction

- Tu laisses aller un chariot d'épicerie sur une pente. Il s'éloigne de toi. Tu le rattrapes et tu le tires. En le tirant, tu changes sa vitesse.
- Tu joues avec un yo-yo. Tu le lâches pour le faire descendre. Quand il atteint l'extrémité de la ficelle, tu le tires d'un coup sec. Il change de direction et remonte.

La force d'attraction de la gravité

La gravité est une force qui attire les objets vers la Terre. Quand tu lâches une balle, la gravité est ce qui la fait tomber. Maintenant, pense à ce qui se produit quand tu lances une balle en l'air. La gravité réduit sa vitesse jusqu'à ce que la balle cesse de monter. Puis la gravité fait retomber la balle vers le sol. Plus la balle se rapproche du sol, plus elle va vite. Cet exemple démontre que la force d'attraction de la gravité peut changer la vitesse et la direction de la balle.

Réfléchis bien!

Quels exemples de poussée et de traction peux-tu voir autour de toi? Comment as-tu utilisé des forces aujourd'hui? Décris tes actions sur une autre feuille.

1. Explique comment tu utilises la poussée et la traction quand tu fais les activités suivantes :

a) Tu te sers d'une souris informatique. _____

_____

_____

b) Tu te brosses les dents. _____

_____

_____

c) Tu te promènes à vélo. _____

_____

_____

2. Choisis un sport (autre que le vélo) que tu aimes pratiquer ou regarder. Explique l'action des forces de poussée ou de traction dans la pratique de ce sport. Si la gravité y joue un rôle, explique ce qu'elle fait.

_____

_____

_____

_____

_____

3. Quand tu gonfles un ballon, tes poumons poussent l'air dedans. Cette force de poussée cause-t-elle un changement dans la vitesse, la forme ou la direction du ballon? Explique ta réponse.

_____

_____

_____

_____

_____

Les forces et les structures

Qu'est-ce qu'une structure?

Une structure est quelque chose qui tient ou soutient une charge. La remise de jardin, par exemple, a quatre murs qui soutiennent un toit.

Les structures ont une ou plusieurs fonctions. Une remise abrite les outils de jardinage. Si elle est verrouillée, les outils seront en lieu sûr.

Quels types de forces agissent sur les structures?

Deux types de forces agissent sur les structures : des forces internes et des forces externes.

Les **forces internes** font partie de la structure. Par exemple, le toit d'une maison est lourd et appuie sur les murs extérieurs. Le toit fait partie de la structure de la maison. Si les murs ne sont pas assez solides pour soutenir le toit, la maison va s'écrouler. La force de poussée exercée par le poids du toit est une force interne.

Les **forces externes** ne font pas partie de la structure. Par exemple, le poids de la neige pousse sur le toit. Les murs doivent dont être assez solides pour soutenir le poids de la neige sur le toit. Comme la neige ne fait pas partie de la structure, elle constitue une force externe.

Deux types de charges

Les charges sont des forces qui agissent sur une structure. Toutes les structures doivent être assez solides pour soutenir les charges placées sur elles. Les charges se divisent en deux catégories : les charges permanentes et les surcharges.

Une **charge permanente** est une charge qui est toujours là. Le poids des matériaux utilisés dans la construction de la structure fait partie de la charge permanente. Tout ce qui est fixé à la structure de façon permanente fait partie de la charge permanente. Les tapis et les jardinières fixées aux fenêtres sont des charges permanentes.

Une **surcharge** est une charge temporaire. Les objets qui servent à transporter les surcharges en font aussi partie. Voici quelques exemples :

- L'ameublement constitue une surcharge dans une maison. Il peut être retiré de la maison si tu déménages.

- La neige qui s'accumule sur le toit de la maison est une surcharge. La neige est temporaire parce qu'elle peut fondre ou être enlevée.

« Les forces et les structures » - Penses-y!

Pour chacun des exemples ci-dessous, indique s'il s'agit d'une charge permanente ou d'une surcharge. Explique ta réponse.

1. Les tuyaux de plomberie

   ❏ surcharge   ❏ charge permanente

   Comment je le sais : _____

   _____

   _____

2. Un ascenseur dans un immeuble de bureaux

   ❏ surcharge   ❏ charge permanente

   Comment je le sais : _____

   _____

   _____

3. Les personnes qui travaillent dans un immeuble de bureaux

   ❏ surcharge   ❏ charge permanente

   Comment je le sais : _____

   _____

   _____

4. Le vent qui souffle sur une structure par une journée venteuse

   ❏ surcharge   ❏ charge permanente

   Comment je le sais : _____

   _____

   _____

5. Les balcons d'un immeuble d'appartements

   ❏ surcharge   ❏ charge permanente

   Comment je le sais : _____

   _____

   _____

Quatre types de forces internes

Une force interne est une force qui agit de l'intérieur de la structure. Il y a quatre types de forces internes.

Prenons un objet rectangulaire.

La **compression** est une force de poussée qui appuie sur un objet. Souvent, cette force réduit le volume de l'objet.

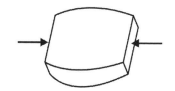

Exemple : Tiens une éponge à plat dans la paume d'une main. Appuie sur l'éponge avec ton autre main. Tu as exercé une compression.

La **tension** est une force de traction qui étire un objet. Souvent, cette force allonge les objets.

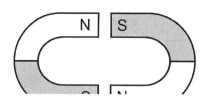

Exemple : Tiens une extrémité d'un élastique avec chacune de tes mains. Éloigne tes mains l'une de l'autre. Tu exerces une tension qui étire l'élastique.

La **torsion** est une force qui tord ou tourne un objet.

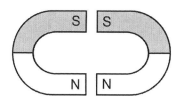

Exemple : Pour tordre un linge mouillé, tu exerces une torsion. Tu tiens le linge avec tes deux mains et tu le tords pour en extraire l'eau.

La **flexion** est une force qui recourbe un objet. L'une des faces de l'objet se comprime (compression). L'autre face s'allonge (tension).

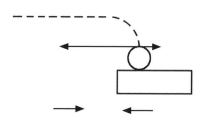

Exemple : Une éponge molle ou mouillée est facile à plier. Tiens-la dans tes mains et plie-la comme dans l'image. La tension agit sur le dessus de l'éponge, et la compression agit sur le dessous.

« Quatre types de forces internes » - Penses-y!

Indique la force interne qui agit dans chacun des exemples ci-dessous. Explique tes réponses.

1. Ling aime dormir sur son nouveau matelas. Son ancien matelas était aussi dur qu'une planche. Le nouveau matelas se creuse confortablement sous elle quand elle s'y étend.

Quel type de force interne agit sur le matelas quand Ling s'étend dessus? ____________________

____

____

2. François accorde sa guitare. Il tend une des cordes. Pour la tendre, il tourne une des chevilles d'accord à son extrémité.

a) Quel type de force interne agit sur la corde de la guitare? ____________________

____

____

b) Quel type de force interne agit sur la cheville d'accord? ____________________

____

____

3. Maria et son frère Marco fabriquent une couronne d'automne à suspendre à leur porte. Ils doivent d'abord prendre un morceau de fil métallique et le plier pour en faire un cercle.

Quel type de force interne agit sur le fil métallique quand Maria et Marco en font un cercle?

____

____

4. M. Roberge est en train de pêcher. Soudain, un poisson mord à l'hameçon. Le poisson essaie de s'éloigner, tandis que M. Roberge essaie de le ramener.

Quel type de force interne agit sur la ligne à pêche? ____________________

____

____

____

Expérience : Matériaux et forces

Comment divers matériaux résistent-ils aux forces internes? Tente cette expérience pour le découvrir.

Tu as besoin :

- d'un bâtonnet de bois
- d'une éponge
- d'une gomme à effacer
- d'une paille en plastique
- d'un nouveau crayon de bois qui n'a pas encore été taillé

Marche à suivre :

1. Lis l'échelle d'évaluation au bas de la page.

2. Prédis le degré de résistance de chaque matériau à chaque force. Sers-toi de l'échelle d'évaluation pour faire tes prédictions. Note tes prédictions dans le tableau de la page suivante.

3. Comment chaque objet résiste-t-il à la tension? Tire sur les deux extrémités de chaque objet. Évalue son degré de résistance à l'aide de l'échelle d'évaluation, puis note les résultats dans le tableau.

4. Comment chaque objet résiste-t-il à la compression? Pousse sur les deux extrémités de chaque objet. Évalue le degré de résistance à l'aide de l'échelle d'évaluation, puis note les résultats dans le tableau.

5. Comment chaque objet résiste-t-il à la torsion? Tords chaque objet. Évalue le degré de résistance à l'aide de l'échelle d'évaluation, puis note les résultats dans le tableau.

6. Comment chaque objet résiste-t-il à la flexion? Appuie sur les deux extrémités de chaque objet avec tes doigts et appuie sur le dessous avec tes pouces. (Ne gaspille pas de fournitures scolaires! Vois si tu peux plier le crayon, mais n'utilise pas assez de force pour le briser.) Évalue le degré de résistance à l'aide de l'échelle d'évaluation, puis note les résultats dans le tableau.

	Échelle d'évaluation	
1	**Faible** : Il faut très peu de force pour que l'objet se déforme ou se brise.	
2	**Adéquat** : Il faut peu de force pour que l'objet se déforme ou se brise.	
3	**Résistant** : Il faut beaucoup de force pour que l'objet se déforme ou se brise.	
4	**Très résistant :** Même avec beaucoup de force, l'objet ne se déforme pas ou se déforme très peu.	

« Expérience : Matériaux et forces » - Penses-y!

Sers-toi du tableau ci-dessous pour noter tes prédictions et les résultats.

Objet	Tension	Compression	Torsion	Flexion
Bâtonnet de bois	Prédiction : _____ Résultat : _____	Prédiction : _____ Résultat : _____	Prédiction : _____ Résultat : _____	Prédiction : _____ Résultat : _____
Éponge	Prédiction : _____ Résultat : _____	Prédiction : _____ Résultat : _____	Prédiction : _____ Résultat : _____	Prédiction : _____ Résultat : _____
Gomme à effacer	Prédiction : _____ Résultat : _____	Prédiction : _____ Résultat : _____	Prédiction : _____ Résultat : _____	Prédiction : _____ Résultat : _____
Paille de plastique	Prédiction : _____ Résultat : _____	Prédiction : _____ Résultat : _____	Prédiction : _____ Résultat : _____	Prédiction : _____ Résultat : _____
Crayon	Prédiction : _____ Résultat : _____	Prédiction : _____ Résultat : _____	Prédiction : _____ Résultat : _____	Prédiction : _____ Résultat : _____

Écris ci-dessous tes commentaires au sujet des résultats, ou les questions que tu te poses au sujet de l'expérience.

_____

_____

_____

_____

_____

_____

_____

Forces et formes

Quand les gens conçoivent des bâtiments, ils utilisent des formes solides. Ces formes permettent aux structures de résister aux forces qui agissent sur elles. Trois formes solides sont souvent utilisées dans les bâtiments : le rectangle, l'arc et le triangle.

Dans les schémas à droite, deux flèches indiquent les deux forces qui s'exercent :

← → tension   → ← compression

Le rectangle

Un rectangle est passablement solide. Mais il est moins solide lorsqu'une force s'exerce sur l'un de ses côtés verticaux. Sa forme peut alors changer et il est moins résistant. C'est pourquoi, en construction, on ajoute un support diagonal pour rendre le rectangle plus résistant. Ce support se nomme « décharge ». La décharge joint deux coins opposés d'un rectangle.

L'arc

Un arc est une forme solide. Mais elle ne l'est pas autant quand une force s'exerce à son sommet. Quand une force s'exerce là, les côtés de l'arc s'écartent. Pour rendre un arc plus solide en construction, on ajoute des supports aux côtés. Ces supports se nomment « contreforts ». Les contreforts empêchent les côtés de l'arc de s'écarter.

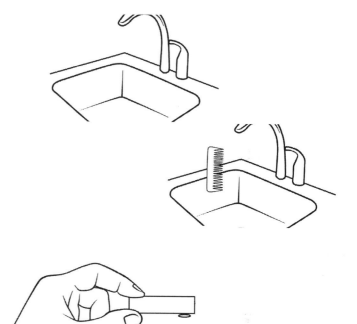

Le triangle

Un triangle peut être très solide. Si une force s'exerce à son sommet, le triangle est très solide. Mais si une force s'exerce sur un de ses côtés, le côté peut fléchir.

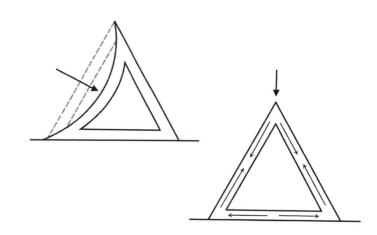

1. Tu exerces une force de poussée sur le côté d'un rectangle. Quelle force interne agit sur la décharge?

_____

2. Une force est exercée sur le sommet d'un triangle.

    a) Quelle force interne agit sur les deux côtés inclinés du triangle?

_____

    b) Quelle force interne agit sur la base du triangle?

_____

3. Beaucoup de maisons ont un toit aux côtés inclinés qui forme un triangle. Le sommet du triangle ne supporte aucun poids. Mais les côtés inclinés sont utiles dans les régions où il pleut ou il neige.

    a) Que pourrait-il arriver à un toit plat si une tempête apportait beaucoup de neige? Pourquoi?

_____

_____

    b) Lequel de ces deux toits est le plus solide dans une région où il tombe beaucoup de neige : un toit triangulaire ou un toit plat? Pourquoi?

_____

_____

    c) Un toit triangulaire n'est pas facilement endommagé par la pluie. Pourquoi?

_____

_____

4. a) Quelles sont les deux formes utilisées dans la construction d'un iglou?

_____

    b) Tu as construit un iglou et on a annoncé une importante chute de neige. Comment peux-tu rendre l'entrée de l'iglou assez solide pour supporter le poids de la neige? (Le seul matériau à ta disposition est la neige.)

_____

_____

Quatre types de ponts

Dans les schémas à droite, des flèches indiquent les deux forces qui s'exercent :

← → tension   → ← compression

Un pont à poutres

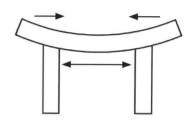

Un pont à poutres se compose d'une poutre horizontale supportée par deux piliers. La poutre fléchit quand il y a une charge sur le pont, comme des voitures, des camions ou un train. Une compression s'exerce sur le dessus de la poutre. Une tension s'exerce sur le dessous.

Un pont en arc

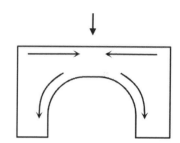

L'arc est une forme très solide. Une charge sur le pont exerce une compression sur le sommet. Elle exerce aussi une tension le long des côtés de l'arc sous le pont. Cette tension peut les faire s'écarter et ainsi affaiblir l'arc. Les matériaux utilisés dans la construction des côtés agissent comme des contreforts et empêchent les côtés de s'écarter.

Un pont à poutres triangulées

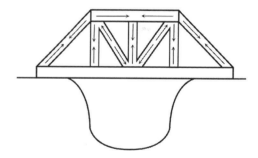

Un pont à poutres triangulées comporte des triangles constitués de barres de métal. Le triangle est une forme très solide. Des forces de compression et de tension s'exercent sur le pont. Le schéma montre ces forces.

Un pont suspendu

Un pont suspendu est constitué de hautes tours qui supportent le câble porteur. De plus petits câbles fixés au câble principal supportent le tablier. On appelle ces câbles « suspentes ». Le câble porteur est fixé à de grosses masses aux deux extrémités. Le poids de la charge constituée par les véhicules est transféré aux suspentes et exerce ainsi une tension sur elles. Les suspentes transfèrent le poids au câble porteur. Une tension s'exerce sur ce câble. Une compression s'exerce sur les tours, qui supportent le poids du pont et des véhicules.

« Quatre types de ponts » - Penses-y!

1. La neige et la glace peuvent s'accumuler sur le tablier d'un pont et le rendre plus lourd. La neige et la glace sont-elles des forces internes ou externes? Explique ta réponse.

2. On peut construire un pont à poutres très simple au-dessus d'un ruisseau. On a seulement besoin de deux blocs et d'une planche.

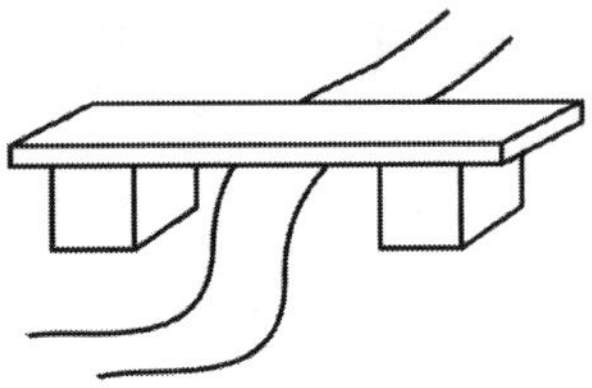

a) Quelle force agit sur les blocs quand quelqu'un traverse le pont?

b) Quelle force (ou quelles forces) agit sur la planche?

c) Le poids de la planche constitue-t-il une force interne ou externe?

3. Tu conçois un pont qui permettra à des autocars de touristes de se rendre à un lieu d'intérêt. Explique pourquoi tu as besoin de connaître l'information ci-dessous :

a) Le nombre maximal de personnes que peut contenir un autocar.

b) Le nombre maximal d'autocars qui peuvent traverser le pont en même temps.

Le défi du pont à pailles de plastique

À l'aide de pailles de plastique, construis un pont qui peut supporter le plus grand poids possible.

Tu as besoin :

- de pailles de plastique
- de ruban-cache
- de ciseaux
- de 100 pièces d'un cent dans un gobelet en plastique
- de 2 pupitres de même hauteur

Marche à suivre :

1. Dessine ton pont avant de le construire.
2. Tu peux seulement utiliser des ciseaux pour couper les pailles.
3. Tu peux seulement utiliser du ruban-cache pour joindre les parties de ton pont.
4. Les pupitres doivent être placés à 100 cm l'un de l'autre.
5. Une fois ton pont construit, mets-le à l'épreuve pour voir combien de pièces d'un cent il peut supporter.

Penses-y!

1. Dessine ton pont sur une autre feuille.
2. Prédis le nombre de pièces d'un cent que ton pont pourra supporter. _____
3. Que s'est-il produit quand tu as ajouté des pièces de monnaie pour évaluer la solidité de ton pont?

_____

_____

_____

4. Combien de pièces d'un cent ton pont peut-il supporter? _____
5. Comment pourrais-tu améliorer ton pont?

_____

_____

_____

Relève ce défi en utilisant un autre matériau... comme des spaghettis non cuits!

Attention au vent!

Les forces de la nature

Certaines des forces externes qui agissent sur les structures sont des forces de la nature. Quand la neige et la glace s'accumulent sur une structure, elles ajoutent du poids. La structure doit pouvoir supporter ce poids. Un tremblement de terre se produit quand de grandes plaques de croûte terrestre se déplacent. On les appelle « plaques tectoniques ». Ce mouvement des plaques fait trembler la terre. Le tremblement peut faire s'effondrer des structures, telles que des bâtiments.

Les ouragans et les tornades

Le vent est une autre force de la nature. Des vents forts poussent sur les structures. La force du vent peut endommager ou détruire des structures, telles que des maisons. Les tornades et les ouragans sont accompagnés de vents très forts qui peuvent causer des dommages considérables. Il y a des gens qui vivent dans des régions où de tels phénomènes se produisent souvent. Ils doivent trouver des façons de faire en sorte que leurs maisons résistent aux vents forts.

Protéger les structures contre le vent

Des vents forts peuvent pousser sur les fenêtres et les briser. Les gens couvrent donc leurs fenêtres avec des panneaux de contreplaqué cloués à la maison.

Des vents très forts peuvent arracher le toit d'une maison. La maison est moins solide, une fois qu'elle a perdu son toit. Elle peut s'effondrer. Les gens utilisent des tirants pour ouragans pour fixer le toit plus fermement à la maison. Les tirants pour ouragans sont des bandes de métal qui peuvent résister à un plus grand degré de force que les clous qui fixent le toit à la maison.

À cause de la menace que constituent les ouragans et les tornades, on construit certains bâtiments avec des matériaux autres que le bois ou les briques. On utilise plutôt du béton armé à l'intérieur duquel il y a des barres d'acier. Ce matériau peut résister à des vents très forts.

Le vent produit des vagues

Les ouragans se forment au-dessus d'un océan et se déplacent parfois sur la terrre ferme. Les vents qui les accompagnent peuvent produire d'énormes vagues. Ces vagues peuvent endommager les maisons construites près du rivage. On peut protéger une maison de la force des vagues en la construisant au-dessus du sol. On utilise des piliers d'acier, de béton ou de bois qu'on appelle « pilots ». La maison est construite sur ces pilots. L'eau peut donc passer sous la maison sans l'endommager.

« Attention au vent! » - Penses-y!

1. Quand des vents forts deviennent dangereux, les gens cherchent souvent refuge dans un sous-sol. Pourquoi un sous-sol est-il un bon endroit où aller dans cette situation?

_____

_____

_____

2. Pendant un ouragan ou une tornade, on demande aux gens de se rendre dans un endroit sûr de leur maison et de se couvrir d'une couverture épaisse. Pourquoi doivent-ils utiliser une couverture?

_____

_____

_____

3. On peut utiliser un type particulier de clou quand on construit une maison. L'une de ses caractéristiques est qu'il est formé d'anneaux à pointes. (Le schéma à droite te montre une coupe transversale.) Ce type de clou pourrait-il permettre à une structure de bois de résister à un ouragan ou une tornade? Pourquoi?

_____

_____

_____

_____

4. Les gens cherchent toujours à créer de nouveaux types de maisons pour être en sécurité dans des régions où il y a souvent des ouragans. L'un des designs proposés est une maison en forme de dôme. À ton avis, une maison ayant cette forme serait-elle moins endommagée qu'une maison ordinaire pendant un ouragan? Pourquoi?

_____

_____

_____

_____

Protège-toi!

Les sports peuvent être très amusants, et l'activité physique est bonne pour toi. Mais la pratique d'un sport peut aussi entraîner des blessures. Il est important que tu te protèges en portant l'équipement approprié.

Les forces et les sports

L'action est rapide dans beaucoup de sports. Les joueurs, les balles et les rondelles se déplacent très rapidement. Au baseball, la balle lancée par le lanceur se déplace à une haute vitesse. Lorsqu'elle se déplace aussi vite, elle est plus difficile à frapper. Le lancer du lanceur constitue une poussée. La force projette la balle très vite vers le frappeur. Le frappeur utilise aussi la poussée pour faire bouger son bâton. Quand le bâton frappe la balle, il la fait changer de direction. Le bâton projette la balle jusque dans l'arrière-champ. Une balle qui se déplace rapidement exerce une grande force. Quand elle entre en contact avec une personne, elle exerce une force sur son corps. Sans l'équipement de protection approprié, la personne peut subir une blessure grave.

Les joueurs aussi se déplacent rapidement dans plusieurs sports. Ils utilisent leurs jambes pour exercer une poussée qui les fait avancer. Dans certains sports, les joueurs vont très vite. Un joueur de hockey peut avancer plus vite qu'une personne qui court. Une planchiste peut avancer extrêmement vite quand elle descend une pente (à cause des roues et de la force gravitationnelle). Si la personne qui se déplace vite tombe ou heurte quelque chose, elle peut se blesser gravement.

Équipement sportif de protection

La plupart du temps, l'équipement sportif de protection protège les joueurs de trois façons :

- **En absorbant la force** : De nombreuses pièces d'équipement ont un rembourrage mousse qui peut absorber une partie de la force d'une balle ou d'une rondelle. Il peut même protéger un joueur d'un autre joueur. La force exercée sur le joueur est plus faible. Le joueur a donc moins de risque de subir une blessure.
- **En répartissant la force** : Une rondelle se déplace très vite. Si elle te frappe la tête, elle exerce une force sur ta tête. Une très grande force est donc exercée sur la petite partie de ta tête que la rondelle a frappée. Un casque répartit la force appliquée sur une plus grande surface. La force est donc moins intense à un point en particulier. Tu as donc moins de risque de subir une blessure. La couche de mousse à l'intérieur du casque absorbe aussi une partie de la force.
- **En protégeant ta peau** : Les égratignures et les coupures ne sont habituellement pas des blessures graves. Mais elles peuvent faire mal et s'infecter si on ne les soigne pas correctement. L'équipement de protection protège ta peau. Les patins de hockey fait de cuir épais en sont un exemple. Ils sont conçus pour supporter et protéger les pieds et les chevilles des joueurs. Ils les protègent, entre autres, des blessures que pourrait infliger la lame du patin d'un autre joueur.

« Protège-toi! » - Penses-y!

1. Les gardiens de but au hockey portent d'épaisses jambières. Les autres joueurs ne portent pas ce type de jambières. Pourquoi les gardiens de but ont-ils besoin de cette protection supplémentaire pour leurs jambes?

_____

_____

_____

_____

2. a) Comment les semelles coussinées des chaussures de course protègent-elles les coureurs?

_____

_____

_____

b) Les semelles coussinées doivent pouvoir résister à deux forces internes : la compression et la flexion. Explique pourquoi.

_____

_____

_____

3. La couche de mousse à l'intérieur d'un casque est comme une éponge. Elle peut absorber la force de la compression en s'amincissant. Il est important de porter un casque qui n'est pas trop ajusté. Explique pourquoi.

_____

_____

_____

_____

4. Un planchiste doit s'accroupir sur sa planche s'il va tomber. Pourquoi? Comment cela aide-t-il à protéger le planchiste?

_____

_____

_____

Les structures et l'environnement

Les humains construisent toutes sortes de structures. Ils construisent des immeubles de bureaux et des centres commerciaux. Ils construisent aussi des ponts ainsi que des tours d'acier qui supportent des fils électriques. Toutes ces structures ont des effets sur l'environnement.

Les effets négatifs des structures

La construction d'un bâtiment peut nuire à l'environnement. Voici quelques exemples :

- Le milieu naturel peut être détruit quand on prépare le terrain pour la construction. Ce milieu fournit un habitat à des plantes et à des animaux.
- On apporte les matériaux de construction sur le chantier de construction. Les matériaux proviennent parfois d'endroits éloignés. Les camions qui les transportent polluent l'air. Ils produisent aussi une pollution sonore.
- Les matériaux utilisés dans la construction peuvent nuire à l'environnement. Par exemple, l'acier est fait de fer, qui provient de mines. La pierre utilisée dans le béton vient de carrières. Les mines et les carrières dégradent la beauté des milieux naturels et produisent de la pollution.
- Des matériaux comme le fer et la pierre sont transformés en acier et en béton dans d'énormes usines. Ces usines utilisent beaucoup d'énergie et produisent de la pollution.

Les effets positifs des structures

Certaines des structures que les humains construisent ont des effets positifs sur l'environnement.

- Les ponts et les promenades en bois aident à protéger les milieux fragiles. Sans eux, les pas des visiteurs endommageraient les marécages et les dunes de sable.
- Les éoliennes sont des moulins à vent géants. Elles produisent de l'électricité à l'aide de la force du vent. Les éoliennes produisent peu de pollution. C'est pourquoi on les considère comme une source d'« énergie propre » ou « énergie verte ».
- Les centrales solaires sont des champs couverts de grandes structures. Les structures sont des panneaux solaires qui transforment la lumière solaire en électricité. Ces panneaux ne produisent pas de pollution dans l'air.
- Les tunnels creusés sous les routes permettent aux animaux de se déplacer en toute sécurité. Ils peuvent se rendre dans d'autres parties de leur habitat sans se faire frapper par des voitures.

« Les structures et l'environnement » - Penses-y!

1. Les éoliennes et les ponts ont des effets positifs sur l'environnement. Mais il est impossible de construire ces structures sans nuire à l'environnement. Donne deux effets nuisibles de la construction de ces structures sur l'environnement.

_____

_____

_____

_____

2. Karène vient d'apprendre qu'un pont sera bientôt construit sur la rivière près de sa petite ville. Elle se demande si un traversier qui transporteraient les véhicules serait une meilleure option. Un traversier offrirait ces avantages pour l'environnement :

   • Il faudrait moins de matériel de construction sur le chantier. Ce matériel peut endommager les paysages naturels.

   • La production de l'acier et du béton nécessaires au pont va nuire à l'environnement. Un traversier exige moins de matériaux dans sa construction.

   Donne deux effets nuisibles d'un traversier sur l'environnement.

_____

_____

_____

3. La population de la ville de Karène organise une réunion pour discuter des avantages et des inconvénients des deux options. À ton avis, quelle option chacun des groupes ci-dessous choisirait-il? Explique tes réponses.

   a) Des travailleurs de la construction en chômage

_____

_____

_____

   b) Des personnes qui aiment pêcher dans la partie de la rivière où passerait le traversier

_____

_____

_____

Interrogation sur les forces et les structures

Mets tes connaissances des forces et des structures à l'épreuve en répondant à ces questions.

1. La force peut faire changer un objet de _____, de _____

et de _____.

2. Une balle est lancée haut dans les airs. Quels effets la gravité a-t-elle sur sa vitesse et sa direction?

_____

_____

3. Explique la différence entre des forces externes et des forces internes.

_____

_____

_____

4. Nomme chacune des forces dont il s'agit.

a) Une force qui tord ou tourne un objet : _____

b) Une force qui courbe un objet : _____

c) Une force qui étire un objet : _____

d) Une force qui appuie sur un objet : _____

5. Dessine deux formes qui rendent des structures plus solides.

6. L'équipement sportif de protection protège les joueurs des blessures. Nomme trois types de protection que fournit cet équipement.

_____

_____

Qu'est-ce que la matière?

Tout ce que tu vois autour de toi est fait de matière. La matière est tout ce qui a une masse et qui occupe un volume.

La masse et le volume

La masse est la quantité de matière dans un objet. La matière se compose de minuscules particules. Comme tous les objets sont faits de particules, tous les objets ont une masse. Plus l'objet comporte de particules, plus sa masse est grande.

Le volume est l'espace qu'occupe la matière. On peut facilement voir que l'espace occupée par différents objets n'est pas le même. Une balle de baseball prend plus d'espace qu'une bille; elle a donc un plus grand volume que la bille.

Comparer la masse et le volume

Si deux objets ont le même volume, ont-ils la même masse? Pas nécessairement. Rappelle-toi que les objets sont faits de matière et que la matière est faite de particules. Deux objets qui ont la même taille peuvent être faits de nombres différents de particules. Pourquoi? Dans certaines matières, les particules sont plus rapprochées les unes des autres.

Imagine que tu as deux blocs solides, l'un en bois et l'autre en acier. Les deux ont la même taille; ils ont donc le même volume. Ont-ils la même masse? Non. Dans l'acier, les particules sont plus rapprochées les unes des autres que celles du bois. Il y a donc plus de particules dans le bloc d'acier que dans le bloc de bois. Comme tu l'as probablement deviné, le bloc d'acier pèse plus que le bloc de bois.

De même, deux objets ayant la même masse n'ont pas nécessairement le même volume. Un kilogramme de laine prend beaucoup plus d'espace qu'un kilogramme de billes. Ils ont pourtant la même masse. Mais les particules de la laine sont plus éparpillées.

Réfléchis bien!

Tu mesures ta masse avec un pèse-personne. Le pèse-personne mesure la force gravitationnelle exercée sur ta masse. Si tu te trouvais sur la Lune, ta masse ne changerait pas, mais un pèse-personne sur la Lune indiquerait un poids moindre. La force gravitationnelle est plus faible sur la Lune que sur la Terre.

« Qu'est-ce que la matière? » - Penses-y!

1. Qu'est-ce qui est une matière? Trace un crochet dans les cases appropriées.

a) un éléphant	❑ Matière	❑ Pas une matière
b) une balle de ping-pong	❑ Matière	❑ Pas une matière
c) la vitre d'une fenêtre	❑ Matière	❑ Pas une matière
d) le sirop d'érable	❑ Matière	❑ Pas une matière
e) un cheveu	❑ Matière	❑ Pas une matière
f) la brume	❑ Matière	❑ Pas une matière

2. Tu as deux cubes faits de matériaux différents. L'un des deux est légèrement plus gros que l'autre.

   a) Encercle la phrase qui doit être vraie.

   A. Le gros cube a une plus grande masse que le petit.

   B. Le petit cube a un plus petit volume que le gros.

   b) Explique pourquoi deux objets qui ont le même volume n'ont pas nécessairement la même masse.

   _____

   _____

   _____

3. Pour chaque paire d'objet, trace un crochet à côté de celui qui a le plus grand volume.

   a) ❑ un pamplemousse ❑ un melon d'eau   b) ❑ un 10 ¢ ❑ un 25 ¢

4. Salima fait une expérience pour comparer deux objets. Elle remplit d'abord deux verres identiques avec la même quantité d'eau. Quand elle laisse tomber le premier objet dans l'un des verres, le niveau de l'eau monte, mais l'eau ne déborde pas du verre. Quand elle laisse tomber le deuxième objet dans l'autre verre, l'eau déborde du verre.

   a) Laquelle des propriétés de la matière Salima étudie-t-elle? La masse, le volume ou les deux?

   _____

   b) Complète la phrase pour indiquer ce qu'a appris Salima au sujet des deux objets.

   Le deuxième objet a _____ que le premier objet.

Les propriétés de la matière

Qu'est-ce qu'une propriété?

Une propriété est une caractérisque qu'on peut constater avec ses cinq sens, ou une caractéristique qu'on peut mesurer ou mettre à l'épreuve.

Types de propriétés

Tu peux facilement voir la différence entre un citron et une lime parce que tes yeux (la vue) te disent que l'un est jaune, et l'autre, vert. La couleur est une propriété de la matière. La masse et le volume sont deux autres propriétés de la matière. Tu peux mesurer ces propriétés.

La solubilité - La capacité d'une substance à se dissoudre dans un liquide. Si tu mets du sable dans un verre d'eau et que tu remues l'eau, le sable ne se dissout pas. Il est insoluble. Si tu mets du sucre dans un verre d'eau et que tu remues l'eau, le sucre se dissout. Il est soluble. Certaines substances se dissolvent plus facilement que d'autres.

La viscosité - La capacité d'une substance à s'écouler. Imagine que tu déverses du lait dans une tasse, et du miel dans une autre. Lequel va s'écouler le plus vite? Le lait, bien sûr! La viscosité est en fait la capacité d'une substance à résister à l'écoulement. Le miel a un plus haut degré de viscosité que le lait parce que le miel résiste mieux à l'écoulement.

La transparence - La capacité d'une substance à laisser passer la lumière. Si la substance est claire (tu peux voir des objets à travers), elle est transparente. Si la lumière traverse la substance, mais que tu ne vois pas les objets à travers, la substance est translucide. Si aucune lumière ne peut traverser la substance, la substance est opaque.

La dureté - La capacité d'un objet à se déformer. Un objet dur, comme une roche, ne se déforme pas facilement. Un objet mou, comme un oreiller, se déforme très facilement. Si tu appuies sur un oreiller, même avec peu de force, tu vas y faire un creux. La forme de l'oreiller va changer.

Pourquoi est-il important de connaître les propriétés de la matière? Les gens qui conçoivent des produits tiennent compte des propriétés des matériaux qu'ils utilisent. Par exemple, si tu fabriques des éponges ou des couches de bébé, tu dois évaluer le degré d'absorption des matériaux que tu veux utiliser. Les matériaux, et les produits que nous fabriquons avec ces matériaux, sont tous faits de matière.

une éponge

1. Les serviettes de bain et les linges à vaisselle sont habituellement faits de coton. Explique, au moyen de deux des propriétés mentionnées à la page précédente, pourquoi le coton est un bon matériau à utiliser pour fabriquer les serviettes et les linges.

_____

_____

_____

2. Le ketchup met parfois beaucoup de temps à s'écouler de la bouteille.

a) Le ketchup a-t-il un haut ou un bas degré de viscosité?

_____

b) Donne trois autres propriétés du ketchup.

_____

_____

3. Les pellicules de plastique que nous utilisons pour garder les aliments frais sont transparentes. Pourquoi la transparence est-elle une propriété utile pour une pellicule de plastique?

_____

_____

_____

4. Alex est à inventer une nouvelle sorte de boisson en poudre qu'on peut mélanger à de l'eau. Quand il l'a mise à l'épreuve en la mélangeant à de l'eau dans un verre, il s'est rendu compte qu'elle était peu soluble. Qu'est-ce qu'Alex a vu quand il a regardé le mélange dans le verre après l'avoir remué?

_____

_____

5. Donne quatre propriétés de ton pupitre.

_____

_____

_____

Expérience : Les liquides se dissolvent-ils tous dans l'eau?

Quand les gens lavent la vaisselle à la main, ils utilisent du détergent liquide. Le détergent ne se dépose pas dans le fond de l'évier en une petite boule; il se dissout dans l'eau. Tente cette expérience pour voir si tous les liquides se dissolvent dans l'eau.

Tu as besoin :

- d'alcool isopropylique (alcool à friction)   • de sirop de maïs
- d'huile végétale   • d'eau   • de 6 gobelets en plastique clair
- de ruban-cache   • d'une paille
- de deux cuillères à mesurer (cuillerée à thé et cuillerée à table)

MISE EN GARDE

Ne bois aucun des liquides utilisés dans cette expérience.

Marche à suivre :

1. Sers-toi de morceaux de ruban-cache pour étiqueter trois des gobelets de cette façon :
   « Alcool », « Sirop d'érable », « Huile végétale ».

2. Sers-toi du ruban-cache pour étiqueter les trois autres gobelets de cette façon :
   « Alcool + eau », « Sirop de maïs + eau », « Huile végétale + eau ».

3. Verse 2 cuillerées à thé d'alcool dans le gobelet portant l'étiquette « Alcool » (pas dans celui portant l'étiquette « Alcool + eau »).

4. Verse 2 cuillerées à thé de sirop de maïs dans le gobelet approprié, puis 2 cuillerées à thé d'huile végétale dans le gobelet approprié.

5. Verse 2 cuillerées à thé d'eau dans chacun des gobelets sur lesquels est écrit « + eau ».

6. Verse l'alcool dans le gobelet sur lequel est écrit « Alcool + eau ». Observe le gobelet de côté pendant que tu y verses le liquide. Regarde ce qui se produit, puis note tes observations à la page suivante.

7. Remue l'alcool et l'eau pour voir si l'alcool se dissout dans l'eau. (Continue à regarder le gobelet de côté.) Note tes observations.

8. Refais les étapes 6 et 7 pour chacun des deux autres liquides (le sirop de maïs et l'huile végétale). Verse bien chaque liquide dans le gobelet approprié. Note tes observations après chaque étape.

« Expérience : Les liquides se dissolvent-ils tous dans l'eau? » - Penses-y!

1. Qu'as-tu constaté quand tu as versé l'alcool dans l'eau?

_____

_____

_____

2. Qu'as-tu constaté quand tu as remué l'alcool et l'eau?

_____

_____

_____

3. Qu'as-tu constaté quand tu as versé le sirop de maïs dans l'eau?

_____

_____

_____

4. Qu'as-tu constaté quand tu as remué le sirop de maïs et l'eau?

_____

_____

_____

5. Qu'as-tu constaté quand tu as versé l'huile végétale dans l'eau?

_____

_____

_____

6. Qu'as-tu constaté quand tu as remué l'huile végétale et l'eau?

_____

_____

_____

7. Quelle est ta conclusion? Les liquides se dissolvent-ils tous dans l'eau?

_____

_____

Les états de la matière

Tout ce qui a une masse et qui occupe un volume est de la matière. La matière peut avoir trois états : solide, liquide ou gazeux. Chacun de ces états a diverses propriétés.

Les solides

Les solides gardent leur forme. Une pierre, par exemple, est un solide. Si tu places une pierre dans une boîte, la pierre ne prendra pas la forme de la boîte.

Les solides ont un volume défini. Le volume d'un solide ne change pas. (Tu as déjà appris que le volume est l'espace occupé par la matière.) Un solide prend toujours le même espace.

Les liquides

Les liquides prennent la forme de leur contenant. Un bocal à poissons et un aquarium ont des formes différentes. Quand tu verses de l'eau dans chacun des contenants, l'eau prend la forme de son contenant.

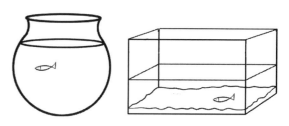

Les liquides ont un volume défini. Même si la forme d'un liquide change, il occupe toujours le même espace. Imagine que tu remplis d'eau un bocal à poissons et qu'ensuite, tu verses l'eau du bocal dans l'aquarium. La forme de l'eau change, mais pas son volume.

Les gaz

La plupart des gaz sont invisibles. Tu ne peux pas voir l'air que tu respires, mais l'air se compose de divers gaz. Quand le vent souffle, tu peux sentir ces gaz glisser sur ta peau. La vapeur d'une bouilloire dans laquelle l'eau bout est un gaz.

Les gaz n'ont pas de forme définie. Ils prennent la forme de leur contenant.

Les gaz n'ont pas de volume défini. Si tu mets un peu de gaz dans un grand contenant, le gaz va s'étendre pour remplir le contenant.

Comparaison des propriétés des solides, des liquides et des gaz

État	Forme	Volume
Solide	- garde sa forme	- a un volume défini
Liquide	- prend la forme de son contenant	- a un volume défini
Gaz	- prend la forme de son contenant	- n'a pas de volume défini

« Les états de la matière » - Penses-y!

1. Écris chacun des éléments de la liste ci-dessous dans la colonne appropriée du tableau.

- une goutte d'eau   • l'oxygène dans l'air   • un crayon   • un élastique

- l'encre dans un marqueur   • la vapeur produite par une soupe chaude   • de la lave qui coule

Solide	Liquide	Gaz

2. Juliette regarde une émission scientifique à la télé. Elle entend parler d'une substance qui se dilate pour occuper plus d'espace sans passer d'un état à un autre.

À côté de chaque énoncé, écris « Vrai » ou « Faux ».

a) La substance a un volume défini. _____

b) La substance ne peut pas être une exemple de matière. _____

c) La substance peut être soit un liquide ou un gaz. _____

d) La substance dont Juliette a entendu parler est-elle un gaz, un liquide ou un solide?
   Comment le sais-tu?

_____

_____

_____

3. David entre dans un ascenseur vide et sent un parfum. Quand il s'accroupit, il peut sentir le parfum tout autant que lorsqu'il est debout.

a) Qu'est-ce que David sent? S'agit-il d'un solide, d'un liquide ou d'un gaz? _____

_____

b) Pourquoi l'odeur est-elle aussi forte quand David est debout que lorsqu'il s'accroupit?

_____

_____

_____

Expérience : Dans quel état est-ce?

La mousse à raser est faite de savon, mais elle n'est pas dure comme le savon en pain, ou liquide comme du savon liquide. Alors, la mousse à raser est-elle un solide, un liquide ou un gaz? Tente cette expérience pour le découvrir.

Tu as besoin :

- d'essuie-tout
- de mousse à raser (pas d'un gel à raser)
- d'une piède d'un cent
- d'une loupe
- d'une règle

Marche à suivre :

1. Place une boule de mousse à raser sur un essuie-tout. Elle devrait avoir 4 ou 5 cm de diamètre et mesurer environ 3 cm de haut. Observe la boule un instant, puis réponds à la question 1.
2. Pose doucement une pièce d'un cent au sommet de la boule. Observe ce qui se produit, puis réponds à la question 2. Enlève doucement la pièce d'un cent.
3. Examine la mousse à raser avec une loupe. Ensuite, réponds à la question 3.
4. Prends un peu de la mousse avec ton index. Frotte-la entre ton pouce et tes doigts pour connaître sa texture. Puis réponds à la question 4.
5. Place la boule de mousse à raser dans un endroit où rien ne pourra la toucher. Laisse-la dans cet endroit pendant deux ou trois jours. Puis examine-la pour savoir s'il y a un changement dans son apparence ou sa texture. Ensuite, réponds aux questions 5 et 6.

« Expérience : Dans quel état est-ce? » - Penses-y!

1. Un solide garde sa forme quand il n'est pas dans un contenant.

    a) La boule de mousse à raser garde-t-elle sa forme? _____

    b) Dirais-tu que la mousse à raser est un solide? Pourquoi?

    _____

    _____

    _____

2. a) Que s'est-il produit quand tu as placé la pièce d'un cent au sommet de la mousse à raser?

    _____

    _____

b) Dirais-tu maintenant que la mousse à raser est un solide, un liquide ou un gaz? Pourquoi?

_____

_____

_____

3. a) Qu'as-tu constaté quand tu as examiné la mousse à raser avec une loupe?

_____

_____

b) D'après tes observations, dirais-tu que la mousse à raser est un solide, un liquide ou un gaz?

_____

_____

4. a) Quelle impression la mousse à raser te donne-t-elle au toucher?

_____

_____

b) D'après l'impression qu'elle te donne au toucher, dirais-tu qu'elle est un solide, un liquide ou un gaz?

_____

5. a) Quels changements as-tu constatés après avoir laissé reposer la mousse à raser pendant deux ou trois jours?

_____

_____

b) Et maintenant, selon tes observations, dirais-tu que la mousse à raser est un solide, un liquide ou un gaz? Pourquoi?

_____

_____

_____

6. En te fondant sur toutes tes observations, crois-tu que la mousse à raser est un solide, un liquide ou un gaz? Ou est-ce quelque chose d'autre? Explique ta réponse.

_____

_____

Les changements d'état de la matière

La matière peut passer d'un état à un autre. Par exemple, tu peux congeler un liquide pour le transformer en un solide. Tu peux faire fondre un solide pour le transformer en un liquide. Tu peux faire bouillir un liquide pour le transformer en un gaz. La chaleur joue un rôle dans les changements d'état de la matière.

D'un solide à un liquide : la fusion

La fusion est le processus par lequel un solide se transforme en un liquide. Un solide fond lorsqu'il absorbe de la chaleur. Un glaçon fond lorsqu'il absorbe la chaleur de l'air environnant. Un cube de glace fond dans un verre d'eau, même si l'eau est froide. Pourquoi? L'eau froide est plus chaude que le cube de glace. Le cube peut donc absorber la chaleur de l'eau.

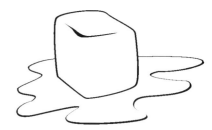

D'un liquide à un gaz : l'évaporation

L'évaporation est le processus par lequel un liquide se transforme en un gaz. Les liquides s'évaporent quand ils absorbent de la chaleur. La vapeur qui sort d'une bouilloire est de l'eau qui s'est transformée en gaz par évaporation.

D'un gaz à un liquide : la condensation

La condensation est le processus par lequel un gaz se transforme en un liquide. Les gaz se condensent lorsqu'ils dégagent de la chaleur. Quand tu sors de la douche, le miroir dans la salle de bain est embué. C'est la condensation qui cause cela. Une partie de l'eau chaude de la douche s'est évaporée et s'est transformée en vapeur d'eau dans l'air. La vapeur d'eau dégage de la chaleur quand elle touche le miroir, qui est plus frais que la vapeur. La vapeur se condense en minuscules gouttes d'eau qui forment une buée sur ton miroir.

D'un liquide à un solide : la congélation

La congélation est le processus par lequel un liquide se transforme en un solide. L'air froid force l'eau à dégager de la chaleur. Pourquoi ne peux-tu pas faire de cubes de glace dans un réfrigérateur? Parce que, l'air n'étant pas assez froid dans le réfrigérateur, l'eau ne dégage pas de chaleur en quantité suffisante pour se transformer en glace. (Le processus par lequel un liquide se transforme en un solide est parfois appelé *solidification*.)

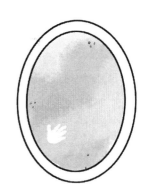

D'un solide à un gaz : la sublimation

La sublimation est le processus par lequel un solide se transforme en un gaz. Ce changement se produit quand le solide absorbe de la chaleur. Les boules antimites sont de petites boules blanches à l'odeur prononcé qui éloignent les mites. (Les mites aiment s'attaquer à certains types de tissus.) Au fil du temps, les boules antimites deviennent de plus en plus petites. Cela se produit parce qu'elles contiennent des produits chimiques qui se subliment. Les boules antimites ne se transforment pas en un liquide avant de devenir un gaz.

Tu peux transformer de la glace en un gaz en la faisant d'abord fondre, puis en la chauffant jusqu'à ce qu'elle s'évapore. Ce changement n'est pas un exemple de sublimation parce que tu as d'abord transformé le solide (la glace) en un liquide (l'eau) avant de le transformer en un gaz (la vapeur d'eau). Au cours du processus de sublimation, le solide se transforme en un gaz sans d'abord devenir un liquide.

D'un gaz à un solide : la condensation solide

La condensation solide est le processus par lequel un gaz se transforme en un solide. Cela se produit quand un gaz dégage de la chaleur. Les flocons de neige se forment par la condensation solide. Quand l'air est suffisamment froid, la vapeur d'eau (un gaz) dans l'air se transforme directement en glace (un solide) sans devenir d'abord un liquide. La condensation solide crée aussi la gelée blanche sur les plantes. Quand une feuille est suffisamment froide, la vapeur d'eau dans l'air change d'état et prend la forme de la gelée que tu vois sur les feuilles.

« Les changements d'état de la matière » - Penses-y!

1. Remplis la plus grande partie possible des tableaux ci-dessous sans te reporter au texte. Puis relis le texte pour y trouver l'information qui manque dans les tableaux ou pour corriger l'information inexacte.

	Passage de l'état	**À l'état**	**Nom du processus**
a)			condensation
b)		liquide	
c)	solide		sublimation
d)	gaz	solide	
e)	liquide	gaz	
f)			congélation

	Passage de l'état	**À l'état**	**Dégagement ou absorption de chaleur?**
g)	solide	liquide	
h)	solide	gaz	
i)	liquide	solide	
j)	gaz	liquide	
k)	liquide	gaz	
l)	gaz	solide	

2. Pour chacun des processus ci-dessous, nomme le processus opposé. Par exemple, le passage de l'état solide à l'état liquide est l'opposé du passage de l'état liquide à l'état solide.

a) Condensation ______________________________

b) Sublimation ______________________________

c) Fusion ______________________________

Changements physiques et changements chimiques

Les changements subis par la matière peuvent être physiques ou chimiques. Les changements physiques sont réversibles et les changements chimiques sont irréversibles (ne peuvent pas se reproduire en sens inverse).

Les changements physiques

Les changements d'état de la matière sont toujours des changements physiques puisqu'ils peuvent se reproduire en sens inverse. Par exemple, tu peux faire fondre un cube de glace (un solide), puis faire recongeler l'eau (un liquide) pour qu'elle redevienne de la glace. Ou tu peux faire bouillir de l'eau pour qu'elle devienne de la vapeur d'eau (un gaz), puis refroidir la vapeur d'eau pour qu'elle se condense et redevienne de l'eau. Dans les deux exemples, la substance (l'eau) ne s'est pas transformée en quelque chose d'autre. L'eau change d'un état à un autre, mais reste toujours de l'eau.

Les changements d'état de la matière ne sont pas les seuls types de changements physiques. Si tu coupes une pomme en deux morceaux, tu changes la forme de la pomme, mais il s'agit toujours d'une pomme. Tu peux lui faire reprendre sa forme originale en remettant les morceaux ensemble.

Les changements chimiques

Il y a changement chimique lorsque la matière se transforme en une nouvelle substance (ou plus d'une nouvelle substance). Le changement est irréversible. Par exemple, si tu fais brûler un morceau de bois, deux nouvelles substances se forment : de la fumée et de la cendre. La fumée et la cendre ne peuvent pas redevenir du bois. Si tu fais cuire un œuf, tu ne peux pas faire en sorte que l'œuf cuit redevienne un œuf cru.

Les signes d'un changement chimique

Voici des signes d'un changement chimique :

Changement de couleur : Lorsque les feuilles changent de couleur à l'automne, elles subissent un changement chimique.

Changement d'odeur : Tu sais qu'un œuf est pourri à cause de la mauvaise odeur qu'il dégage. Un œuf qui pourrit subit un changement chimique.

Formation d'un précipité : Un précipité est un solide qui se forme quand on mélange certains liquides. Si tu vois un précipité se former, tu sais qu'un changement chimique s'est produit.

Production d'un gaz : Quand tu mélanges certaines substances, des bulles se forment dans le mélange. Les bulles proviennent d'un gaz produit par un changement chimique.

Reconnaître les changements physiques et chimiques

Découpe les cartes ci-dessous et place-les en deux colonnes : une pour les changements physiques, et l'autre, pour les changements chimiques. Prépare-toi à expliquer tes idées.

CHANGEMENTS PHYSIQUES	CHANGEMENTS CHIMIQUES
Faire cuire de la pâte à biscuits	De la lave en fusion se solidifie
Du pain qui moisit	Faire cuire du riz
Allumer une allumette	Briser un œuf
Faire une boule de papier aluminium	Digérer de la nourriture
Briser un verre	Faire rôtir du pain

Expérience : Observer un changement chimique

Quand tu mélanges des substances, il se produit parfois un changement chimique. On appelle ce type de changement « réaction chimique ». Au cours de cette expérience, tu vas observer une réaction chimique.

Tu as besoin :

- d'une autre personne avec qui travailler
- d'un bouteille de plastique propre (bouteille d'eau individuelle)
- d'eau
- d'un comprimé antiacide effervescent
- d'un essuie-tout
- d'un ballon en latex (qui a 30 cm de diamètre lorsqu'il est gonflé)
- d'une horloge ou d'un minuteur

MISE EN GARDE

Ne mange pas le comprimé antiacide et ne bois pas le liquide utilisé dans cette expérience.

Préparatifs :

1. Gonfle le ballon, puis laisse l'air s'échapper. (Surtout, ne le gonfle pas assez pour qu'il éclate.) Refais cette étape deux ou trois fois.

2. Exerce-toi à placer l'ouverture du ballon sur le goulot de la bouteille de plastique. (L'autre personne et toi devrez le faire rapidement au cours de l'expérience. Choisissez dès maintenant la personne qui va tenir la bouteille en place et la personne qui va placer le ballon sur le goulot de la bouteille.)

Marche à suivre :

1. Remplis la bouteille à moitié d'eau.

2. Brise le comprimé en morceaux sur l'essuie-tout. Ajoute les morceaux à l'eau dans la bouteille. (Passe vite à la prochaine étape!)

3. Place le ballon sur le goulot de la bouteille. Remarque l'apparence du ballon.

4. Attends une minute, puis regarde ce qui se produit. (Si tu penses que le ballon est prêt d'éclater, passe tout de suite à la prochaine étape.)

5. Pince l'ouverture du ballon et retire le ballon de la bouteille. Laisse l'air s'échapper lentement du ballon.

6. Verse le liquide dans l'évier et jette le ballon.

« Expérience : Observer un changement chimique » - Penses-y!

1. Fais un dessin pour montrer l'apparence du ballon quand tu l'as placé sur le goulot de la bouteille. Puis fais-en un autre pour montrer de quoi il avait l'air après une minute.

2. La plupart des gaz sont invisibles. Dans cette expérience, quels sont les deux signes indiquant que le changement chimique produit un gaz?

3. Quand le ballon se dilate, subit-il un changement chimique ou physique? Explique ta réponse.

Que se produit-il dans cette expérience?

Le comprimé antiacide contient des substances chimiques qui interagissent et causent un changement chimique. Ces substances n'interagissent pas quand elles sont sèches (dans le comprimé), mais elles le font quand elles sont dissoutes dans l'eau. Le changement chimique qui se produit forme une nouvelle substance : du dioxyde de carbone, un gaz.

La science au déjeuner

Écris le menu d'un super déjeuner. À côté de chaque mets au menu, indique si la préparation de ce mets implique un changement physique (P) ou un changement chimique (C). Explique tes réponses. Crée une ébauche avec le planificateur ci-dessous. Ensuite, écris ton menu au propre sur une autre feuille.

Le super menu du déjeuner de _____

Mets : _____	Décris le changement : Encercle P ou C
Type de changement	

Mets : _____	Décris le changement : Encercle P ou C
Type de changement	

Mets : _____	Décris le changement : Encercle P ou C
Type de changement	

Mets : _____	Décris le changement : Encercle P ou C
Type de changement	

Pourquoi les gaz sont-ils importants?

Beaucoup des inventions qu'on utilise chaque jour fonctionnent à l'aide de gaz.

Les coussins de sécurité dans les voitures

Les coussins de sécurité sauvent des vies et empêchent les blessures. Un coussin de sécurité se gonfle lorsqu'il se remplit d'un gaz appelé « azote ». Comment le coussin fonctionne-t-il? Le détecteur d'impact transmet un signal au mécanisme de gonflage du coussin. Dans le mécanisme, deux substances chimiques interagissent en un changement chimique qui produit de l'azote. Quand l'azote se met à remplir le coussin, le coussin est éjecté et se gonfle entièrement. De petits trous dans le coussin permettent au gaz de s'échapper afin que la personne ne soit pas prise au piège par le coussin.

Un coussin de sécurité doit se gonfler à la vitesse de l'éclair pour empêcher les blessures. Les coussins sont éjectés à une vitesse de plus de 300 km/h. Le gonflage du coussin prend seulement 1/25 de seconde à partir du moment où le détecteur d'impact a détecté le choc!

Les atomiseurs

Les purificateurs d'air et les fixatifs à cheveux sont offerts dans des atomiseurs. Les atomiseurs fonctionnent au moyen d'un gaz.

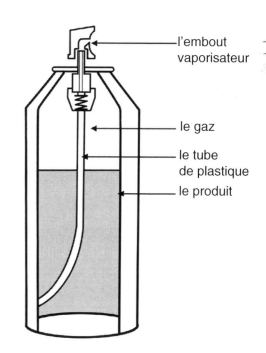

l'embout vaporisateur

le gaz

le tube de plastique

le produit

Dans un atomiseur, le gaz se trouve au-dessus et le produit (comme le fixatif) se trouve au-dessous. Le gaz appuie sur le produit. Comme le produit n'a nulle part où aller, rien ne se produit. Quand tu appuies sur l'embout vaporisateur, tu crées une ouverture par où le produit peut s'échapper. La poussée du gaz fait monter le produit à toute vitesse dans le tube de plastique. Le produit est éjecté du bouton en un nuage de gouttelettes.

Le gaz utilisé dans certains des atomiseurs est nuisible pour l'environnement. Beaucoup de gens choisissent plutôt des produits offerts dans un contenant à pompe.

Les extincteurs d'incendie

La plupart des extincteurs d'incendie font appel à une mousse ou une poudre chimique pour éteindre les incendies. Un type d'extincteur fait plutôt appel à un gaz. Le réservoir de l'extincteur est rempli de dioxyde de carbone liquide. Quand on active l'extincteur, le dioxyde de carbone liquide en sort et passe à l'état gazeux.

Le feu a besoin d'oxygène. Il va s'éteindre s'il n'y en a pas suffisamment. Le dioxyde de carbone éloigne l'oxygène. Le feu s'éteint parce qu'il n'y a pas suffisamment d'oxygène dans les environs pour qu'il continue à brûler.

« Pourquoi les gaz sont-ils importants? » - Penses-y!

1. Un coussin de sécurité doit se remplir uniformément de gaz afin que toutes ses parties puissent protéger une personne contre les blessures. (Si la partie supérieure ne se gonflait pas assez, par exemple, le coussin offrirait moins de protection.) Explique pourquoi les coussins de sécurité se remplissent toujours uniformément.

_____

_____

_____

_____

_____

2. Comme les purificateurs d'air en aérosol nuisent à l'environnement, beaucoup de gens utilisent plutôt des purificateurs d'air solides. Explique le fonctionnement de purificateurs d'air solides. (Indice : Les purificateurs d'air solides fonctionnent sans fondre.)

_____

_____

_____

_____

_____

_____

_____

_____

Réfléchis bien!

Les ballons remplis d'hélium flottent parce que l'hélium est plus léger que l'air. Avec le temps, le ballon rempli d'hélium se dégonfle lentement, même si son ouverture est bien fermée. Émets une hypothèse sur les raisons pour lesquelles les ballons remplis d'hélium se dégonflent. Puis fais une recherche pour savoir si ton hypothèse était bonne. (Indice : L'hélium à l'intérieur du ballon ne passe pas à un autre état à l'intérieur du ballon.)

Révision des changements d'état

Sous le schéma, écris le nom du processus que montre chaque flèche numérotée. Indique aussi s'il y a absorption ou dégagement de chaleur.

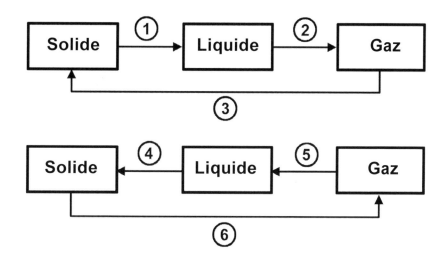

1. Processus : _____

    Chaleur : _____ .

2. Processus : _____

    Chaleur : _____ .

3. Processus : _____

    Chaleur : _____ .

4. Processus : _____

    Chaleur : _____ .

5. Processus : _____

    Chaleur : _____ .

6. Processus : _____

    Chaleur : _____ .

Mots cachés - La matière

Donne un mot en réponse à chaque indice. Puis trouve tous les mots dans la grille de mots cachés.

1. La sublimation fait passer cette matière à l'état gazeux. _____

2. L'espace qu'occupe la matière. _____

3. Quand la matière change d'état, elle subit ce type de changement. _____

4. La capacité d'une substance à se dissoudre dans un liquide. _____

5. Dans cet état, la matière n'a pas de volume défini. _____

6. La quantité de matière dans un objet. _____

7. La capacité d'une substance à résister à l'écoulement. _____

8. Ce type de changement est irréversible. _____

Cherche aussi dans la grille ces mots reliés au domaine de la matière :

liquide   dissoudre   particules   état

propriété   congeler   fusion

Z	U	M	J	H	B	E	U	Q	I	S	Y	H	P
M	A	S	S	E	R	E	L	E	G	N	O	C	R
T	R	E	C	W	Y	O	Q	E	I	A	C	L	O
S	O	L	U	B	I	L	I	T	E	V	Z	U	P
O	R	U	S	X	D	N	O	I	S	U	F	Z	R
L	B	C	P	V	N	A	E	S	Y	H	G	O	I
I	L	I	Q	U	I	D	E	O	P	M	U	F	E
D	O	T	J	E	Z	B	D	C	K	A	N	A	T
E	V	R	T	V	D	I	S	S	O	U	D	R	E
H	I	A	C	M	E	U	Q	I	M	I	H	C	X
Y	T	P	F	K	A	T	G	V	O	L	U	M	E

Les ressources naturelles

D'où vient le papier sur lequel est écrit ce texte? Et les aliments que tu as mangés au déjeuner? Et les vêtements que tu portes? D'où vient l'électricité qui fait fonctionner les lumières dans ta classe? Tout ce que les gens utilisent dans leur vie de tous les jours vient de la Terre, de ressources naturelles (c'est-à-dire qui viennent de la nature). Certaines ressources nous aident à survivre. D'autres nous permettent d'avoir une vie plus agréable. Certaines sont des sources d'énergie.

Ressources vivantes et non vivantes

Les ressources naturelles peuvent être vivantes ou non vivantes. Les êtres vivants se procurent de la nourriture dans leur environnement afin de pouvoir grandir, bouger et se reproduire. Un arbre est vivant. Il utilise l'eau et la lumière du soleil pour obtenir l'énergie dont il a besoin pour croître. Une pierre est une matière non vivante. Elle n'utilise pas d'énergie, ne grandit pas et ne se déplace pas par elle-même.

Le poisson est une importante ressource naturelle vivante. Le poisson est une source de nourriture pour les gens. L'eau est une ressource naturelle non vivante qui est très importante. Nous utilisons l'eau pour boire, cuisiner et laver. Nous utilisons aussi l'eau pour produire de l'électricité. L'électricité est une source d'énergie qui fait fonctionner beaucoup de choses, telles que les lumières dans nos maisons et nos écoles.

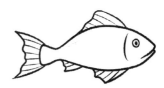

Les ressources renouvelables et non renouvelables

Les ressources naturelles peuvent aussi être renouvelables et non renouvelables. Certaines ressources renouvelables peuvent être remplacées ou croître de nouveau. Les arbres en sont un exemple. Ils peuvent se reproduire grâce à leurs graines. Les arbres abattus peuvent être remplacés par des plants. Les plants sont de très jeunes arbres provenant de graines. D'autres ressources renouvelables sont toujours à la disposition des gens. Le vent en est un exemple. On utilise le vent pour produire de l'électricité.

Les ressources non renouvelables ne peuvent pas être remplacées. Elles sont non renouvelables parce qu'elles mettent énormément de temps à se former. Les combustibles fossiles et les minéraux sont des ressources non renouvelables. Le pétrole est un combustible fossile. Le pétrole que nous utilisons aujourd'hui s'est formé il y a des millions d'années. Les gens se servent des combustibles fossiles pour produire de l'énergie. Le pétrole peut servir à fabriquer l'essence qui fait fonctionner nos voitures et nos autobus.

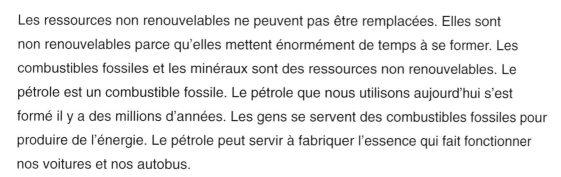

« Les ressources naturelles » - Penses-y!

1. Remplis le tableau ci-dessous avec des exemples d'êtres vivants et de matières non vivantes. Essaie d'en trouver cinq dans chaque catégorie. N'utilise pas les exemples donnés dans le texte que tu viens de lire. Compare ton tableau à celui d'une ou d'un autre élève. Es-tu d'accord avec les exemples donnés par l'autre élève?

Êtres vivants	**Matières non vivantes**

2. Voici une liste de ressources naturelles. Indique à côté de chacune si elle est renouvelable ou non renouvelable.

a) le Soleil ____________________

b) le charbon ____________________

c) le plant de coton ____________________

d) le cuivre ____________________

e) le saumon ____________________

f) la vache ____________________

g) l'essence ____________________

h) les vagues de l'océan ____________________

3. On se sert du pétrole pour fabriquer des bouteilles en plastique. Les bouteilles en verre sont faites avec du sable. Laquelle de ces deux ressources est renouvelable? Pourquoi? Laquelle est non renouvelable? Pourquoi?

____

____

____

____

L'utilisation des ressources

Nous utilisons les ressources naturelles de diverses façons. Nous utilisons certaines d'entre elles dans leur forme originale ou presque. Nous buvons de l'eau et mangeons du saumon. L'eau et le saumon sont faciles à reconnaître. C'est parce qu'ils n'ont pas été transformés en quelque chose d'autre.

Les produits faits à partir de ressources

Beaucoup de ressources sont transformées en produits que nous utilisons. Parfois, il est facile de savoir quelle ressource a été utilisée dans la fabrication d'un produit. Le bois des arbres sert à construire des maisons et à fabriquer des meubles. Le bois d'une bibliothèque ressemble au bois de l'arbre. C'est ainsi que nous savons qu'il provient d'un arbre. Mais le bois peut aussi servir à fabriquer du papier, et le papier ne ressemble pas à du bois.

Le pétrole est une ressource utilisée dans la fabrication de nombreux produits, comme les contenants en plastique, la peinture, le savon, les casques, les tapis et les pneus. Aucun de ces produits ne ressemble au pétrole qu'on a extrait de la terre.

Diverses technologies permettent de transformer des ressources en produits. Mais avant d'être transformées, les ressources doivent être récoltées ou extraites. Les ressources prises de la surface de la Terre sont récoltées. Les ressources prises de dessous la surface sont extraites. On récolte donc les arbres et on extrait le pétrole.

Du sol à ta salle de bain

On utilise souvent des tuyaux de cuivre dans la plomberie. Ce sont peut-être des tuyaux de cuivre qui transportent l'eau jusqu'à la salle de bain chez toi. Voici comment on transforme le cuivre en tuyaux :

1. On extrait du minerai de cuivre dans une mine sous la surface de la Terre.
2. On broie le minerai, puis on le pulvérise.
3. La poudre obtenue est concentrée. Il y a donc plus de cuivre dans le mélange.
4. On fait fondre le mélange de cuivre (c'est-à-dire qu'on le soumet à de hautes températures) jusqu'à ce que 99 % du mélange soit du cuivre.
5. Le cuivre est affiné (rendu plus pur), puis on le moule en de gros blocs.
6. Les blocs sont livrés à un fabricant qui va en faire des tuyaux.

C'est un exemple de la façon dont on transforme une ressource naturelle en un produit utile.

« L'utilisation des ressources » - Penses-y!

1. Il est parfois difficile de savoir quelle ressource a servi dans la fabrication d'un produit. Pourquoi?

_____

_____

2. a) On récolte les arbres. Nomme deux autres ressources qu'on récolte.

_____

b) On extrait le pétrole et le cuivre. Nomme deux autres ressources qu'on extrait.

_____

3. Le minerai de cuivre et le cuivre qui sert à la fabrication des tuyaux de cuivre sont différents. En quoi sont-ils différents?

_____

_____

4. Voici les étapes suivis lorsque des arbres sont transformés en papier utilisé pour les manuels scolaires. Écris les étapes dans le bon ordre dans le diagramme.

- On enlève l'écorce des arbres.
- On applique une couche du produit convenant à la finition désirée.
- Les billots sont découpés en copeaux.
- Le papier est coupé en feuilles, qui sont ensuite emballées.
- On fait sécher la pâte et on la presse pour en faire du papier.
- Des arbres sont abattus.
- On cuit les copeaux dans des produits chimiques pour faire la pâte.
- On blanchit la pâte.

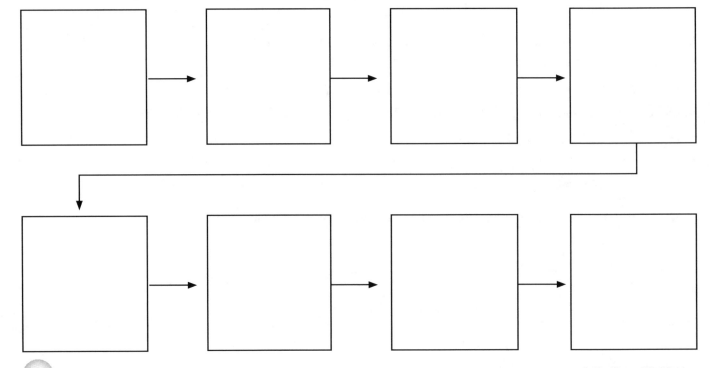

La conservation des ressources

Conserver les ressources de la Terre signifie les utiliser judicieusement et ne pas les gaspiller. Si nous utilisons trop rapidement des ressources, elles pourraient s'épuiser. Cela veut dire qu'elles ne pourront pas être utilisées par les gens qui nous suivront. Beaucoup de gouvernements, d'entreprises et d'organismes comprennent maintenant l'importance de la conservation. Beaucoup d'individus aussi. Ils font ce qu'ils peuvent pour conserver les ressources.

Nous ne sommes pas les premiers à nous préoccuper de l'usage qui est fait des ressources. Les peuples autochtones du Canada s'en préoccupaient bien avant nous.

Les traditions autochtones

La plupart des peuples autochtones se voient comme les gardiens de la Terre. Ils croient que tout sur la Terre est relié. Cela veut dire que tous les êtres et toutes les choses doivent être bien traités, sinon tous les êtres et toutes les choses en subiront les effets. Par exemple, si tous les lapins d'une région étaient tués, cela aurait des effets sur d'autres animaux. Les animaux, tels que les renards, qui mangent les lapins, quitteraient probablement la région. Les plantes que les lapins mangeaient croîtraient encore plus et prendraient beaucoup de place, éliminant ainsi d'autres plantes. La région changerait de plusieurs façons s'il n'y avait plus de lapins.

C'est pourquoi, autrefois, les peuples autochtones prenaient seulement les ressources dont ils avaient besoin. Ils les prenaient de manière judicieuse. Les membres de la Première nation de la région de Kluane dans le Yukon étaient des chasseurs. Ils utilisaient toutes les parties des animaux qu'ils tuaient. Ils mangeaient beaucoup de ces parties. Ils se servaient des bois des gros animaux, tels que les orignaux, pour fabriquer des outils, comme des cuillères, des couteaux et des aiguilles. Ils tannaient la peau et la fourrure des animaux pour fabriquer des vêtements et construire leurs maisons. (Le tannage est le processus par lequel on transforme une peau en cuir.) Les peaux qui n'étaient pas tannées servaient à faire des raquettes et des sacs pour la chasse. Le peuple utilisait même les intestins et la vessie des animaux comme récipients pour cuire et emmagasiner leur nourriture.

Beaucoup d'Anishinaabe vivaient dans les régions boisées de l'Ontario. Ils chassaient les animaux et cueillaient des baies. Ils vivaient en petits groupes pendant presque toute l'année. Ils se déplaçaient plusieurs fois au fil d'une année pour trouver de la nourriture. Au cours des mois plus chauds, ils se rassemblaient en grands groupes. Ils s'installaient dans des endroits où ils pouvaient trouver du poisson, des baies et du riz sauvage à manger.

« La conservation des ressources » - Penses-y!

1. Pour conserver les ressources, tu peux réduire, réutiliser et recycler. Réduire signifie que tu utilises moins de ressources et produit moins de déchets. Réutiliser signifie que tu utilises un même produit plusieurs fois ou de différentes façons. Recycler est la troisième façon de conserver les ressources. Beaucoup de produits peuvent être recyclés et transformés en de nouveaux produits. Ils comprennent les boîtes de conserve, le papier et le verre.

   Dans le tableau ci-dessous, écris ce que tu peux faire pour conserver les ressources. Essaie de trouver au moins trois idées pour chaque colonne. Coche les gestes que tu fais déjà.

Je peux réduire en...	Je peux réutiliser en...	Je peux recycler en...

2. En quoi le fait d'utiliser toutes les parties d'un animal permettrait-il de conserver les ressources?

3. En quoi le fait de se déplacer d'un endroit à un autre au fil de l'année permettrait-il de conserver les ressources?

4. Les peuples autochtones croient que tous les êtres et toutes les choses sur Terre sont égaux et importants. Les êtres humains sont donc égaux à la forêt, aux animaux et à d'autres parties de la nature, et ne sont pas plus importants. En quoi cette croyance est-elle différente de ce que pensent la plupart des gens aujourd'hui?

Les formes d'énergie

L'énergie est la capacité de quelque chose à produire du travail. Nos corps utilisent l'énergie pour grandir. Les voitures utilisent l'énergie pour fonctionner. Les cuisinières électriques utilisent l'énergie pour cuire la nourriture. L'énergie prend plusieurs formes. En voici quelques exemples :

- L'énergie chimique est l'énergie emmagasinée dans certaines substances. Le bois contient de l'énergie chimique. Quand nous faisons brûler du bois, il libère cette énergie chimique.
- L'énergie mécanique est une énergie qui produit du travail. L'énergie du vent est convertie en énergie mécanique. Quand le vent souffle, il fait tourner les pales d'un moulin à vent.
- L'énergie thermique est une énergie calorifique. On utilise cette forme d'énergie pour chauffer nos maisons.
- L'énergie électrique est le mouvement, la lumière, la chaleur ou le son produits par l'électricité. Un éclair est un exemple d'énergie électrique dans la nature. L'énergie électrique est ce qui fait fonctionner les ampoules électriques.

Les sources d'énergie

Nous obtenons l'énergie de diverses sources. Certaines des sources sont renouvelables. Voici quelques exemples de sources d'énergie renouvelables :

- La biomasse : l'énergie provenant des plantes et des déchets qu'on brûle.
- L'énergie géothermique : l'énergie provenant de la chaleur sous la surface de la Terre.
- L'énergie hydroélectrique : l'énergie obtenue de l'eau en mouvement.
- L'énergie solaire : l'énergie du Soleil.
- L'énergie éolienne : l'énergie obtenue par le souffle du vent.

Nous utilisons les sources d'énergie renouvelables surtout pour produire de l'électricité.

La plupart de nos sources d'énergie ne sont pas renouvelables. Ces sources comprennent le pétrole, le gaz naturel et le charbon. Nous utilisons ces sources surtout pour produire de l'électricité, de la chaleur ou de l'essence. Le pétrole, le charbon et le gaz naturel sont des combustibles fossiles, c'est-à-dire qu'ils ont été formés il y a des millions d'années.

« Les formes d'énergie » - Penses-y!

1. Lis les exemples ci-dessous. À côté de chacun, indique la forme d'énergie que chacun représente : chimique, mécanique, thermique ou électrique.

a) Lancer une boule sur des quilles : ______________________________

b) L'eau qui s'écoule d'un barrage : ______________________________

c) Une pile dans une lampe de poche : ______________________________

d) Allumer un foyer fonctionnant au gaz : ______________________________

e) Un ordinateur branché dans une prise de courant : ______________________________

2. Pourquoi le Soleil, le vent et l'eau en mouvement sont-ils considérés comme des sources d'énergie renouvelables?

____

____

3. Pourquoi les combustibles fossiles constituent-ils des sources d'énergie non renouvelables?

____

____

4. À ton avis, l'énergie éolienne pourrait-elle être une source importante d'énergie partout dans le monde? Pourquoi?

____

____

5. À ton avis, pourquoi les combustibles fossiles constituent-ils nos principales sources d'énergie?

____

____

Réflexion sur les mots

Le préfixe *bio* dans « biomasse » signifie « vie ». Le préfixe *géo* dans « géothermique » signifie « Terre ». Le préfixe *hydro* dans « hydroélectricité » signifie « eau ». Trouve d'autres mots qui commencent par ces préfixes. Quel est le lien entre chaque préfixe et la signification du mot qui le suit?

Les combustibles fossiles

Les trois principaux combustibles fossiles sont le charbon, le pétrole et le gaz naturel. Les trois se sont formés il y a des centaines de milions d'années, avant l'apparition des dinosaures.

Quand les combustibles fossiles se sont formés, la surface de la Terre était presque toute couverte de marécages. Dans les marécages, il y avait des arbres, des fougères et d'autres grosses plantes à feuilles. Les arbres et les plantes sont morts et ont coulé au fond des marécages. Là, ils ont formé un matériau spongieux appelé « tourbe ». Au fil de plusieurs centaines d'années, du sable, de l'argile et d'autres minéraux ont couvert la tourbe, et se sont lentement transformés en roche. D'autres couches de roche se sont formées. Le poids de la roche a pressé la tourbe et en a extrait toute l'eau. Au fil de millions d'années, la tourbe s'est transformée en charbon, en pétrole et en gaz naturel.

Le pétrole s'est aussi formé dans les océans. L'océan abondaient en minuscules créatures marines appelées « diatomées ». Quand ces créatures sont mortes, elles ont coulé jusqu'au fond de l'océan, où elles ont lentement été recouvertes de roche. Avec le temps, la chaleur et la pression les ont transformées en pétrole.

Où trouve-t-on des combustibles fossiles aujourd'hui?

Plusieurs pays du Moyen-Orient sont parmi les plus grands producteurs de pétrole au monde. Le Canada est un autre producteur important de pétrole, tout comme le Venezuela, le Nigeria, la Lybie et la Russie. On peut trouver du pétrole sous la terre et sous le fond des océans. La Canada a construit de nombreuses plates-formes de forage au large de la côte de Terre-Neuve. Les réserves de charbon les plus importantes se trouvent aux États-Unis, en Russie et en Chine. Le Canada est un producteur de charbon de moyenne importance. La Colombie-Britannique produit environ un tiers du charbon canadien. On trouve habituellement le gaz naturel avec le pétrole ou le charbon. Beaucoup de réserves de combustibles fossiles dans le monde n'ont probablement pas encore été découvertes.

Comment nous utilisons les combustible fossiles

Les combustibles fossiles servent surtout à produire de l'électricité. Le charbon est la principale source d'électricité dans le monde, mais on utilise aussi le gaz naturel et le pétrole. Les combustibles fossiles sont également utilisés dans la fabrication de l'essence. L'essence est fabriquée principalement à partir de pétrole. Le chauffage et la climatisation sont deux autres façons d'utiliser les combustibles fossiles. Le pétrole et le gaz naturel sont les principaux combustibles utilisés dans ce but.

1. Dans l'encadré ci-dessous, conçois un diagramme de processus (avec cases et flèches) indiquant comment se forment les combustibles fossiles.

2. On utilise des foreuses pour extraire le pétrole et le gaz naturel de sous la surface de la Terre. Les foreuses percent le sol en terre ferme ou au fond de l'océan. Ensuite, on pompe le pétrole ou le gaz. À ton avis, est-il plus facile de forer sur la terre ferme ou au fond de l'océan? Quelles difficultés pourrait présenter le forage dans l'océan?

3. Le gaz naturel n'a pas d'odeur. Il est très combustible, c'est-à-dire qu'il brûle facilement. Avant que le gaz soit acheminé vers les endroits où il sera utilisé, on y ajoute une substance chimique pour lui donner une odeur. À ton avis, pourquoi fait-on cela?

Notre consommation d'énergie

Le Canada est un pays très développé. Nous consommons beaucoup d'énergie dans nos maisons, nos écoles, nos entreprises et nos véhicules. Le gouvernement du Canada mesure notre consommation d'énergie dans quatre secteurs :

- résidentiel – maisons et appartements
- commercial et institutionnel – bâtiments, tels que bureaux, commerces, centres commerciaux, hôpitaux et écoles
- industriel – bâtiments et équipement utilisés pour les industries, telles que l'industrie manufacturière, l'industrie de la construction, l'agriculture, l'industrie minière et l'exploitation forestière
- les transports – tous les véhicules qui transportent des personnes ou des marchandises, par exemple, les voitures, les autobus, les camions et les trains

Consommation d'énergie au Canada

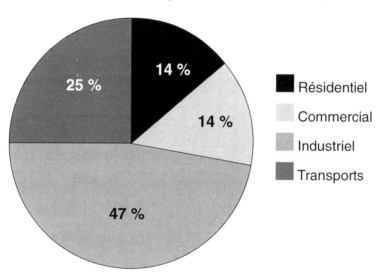

14 %
14 %
25 %
47 %

■ Résidentiel
□ Commercial
▨ Industriel
▨ Transports

Ce diagramme à secteurs montre la consommation approximative d'énergie dans chacun de ces quatre secteurs.

La consommation d'énergie dans nos maisons

Au Canada, nous utilisons surtout le gaz naturel et l'électricité pour chauffer nos maisons (cela comprend les immeubles d'appartements). Environ 20 % des maisons utilisent d'autres combustibles pour le chauffage, comme le mazout, le bois, les granules de bois ou le propane. Nous consommons aussi de l'énergie dans nos maisons pour d'autres usages, tels que :

- l'éclairage,
- les appareils ménagers (réfrigérateurs, mélangeurs, etc.),
- les appareils électroniques (téléviseurs, ordinateurs, etc.),
- le chauffage de l'eau.

La quantité d'énergie que nous utilisons dans nos maisons augmente constamment.

« Notre consommation d'énergie » - Penses-y!

1. À ton avis, pourquoi le secteur industriel consomme-t-il autant d'énergie?

_____

_____

_____

_____

2. Certaines personnes utilisent du bois ou du propane pour chauffer leurs maisons. À ton avis, où ces personnes vivent-elles? Pourquoi utilisent-elles ces combustibles plutôt que le gaz naturel ou l'électricité?

_____

_____

_____

_____

_____

3. Les gens consomment plus d'énergie dans leurs maisons qu'ils ne le faisaient il y a 20 ans. Qu'est-ce qui a pu causer cette augmentation dans la consommation d'énergie?

_____

_____

_____

_____

4. Chez toi, dans quelle pièce ta famille consomme-t-elle le plus d'énergie? Pourquoi?

_____

_____

_____

_____

Comment fonctionne l'énergie?

Tu as appris que l'énergie est la capacité de quelque chose à produire du travail. Tu as aussi appris que l'énergie peut prendre plusieurs formes. Chaque forme d'énergie est soit cinétique, soit potentielle. L'énergie cinétique est l'énergie d'un corps en mouvement, comme des vagues et des rayons, ou encore des objets, des électrons, des atomes, des molécules et des substances. Le vent qui souffle est une énergie cinétique. L'énergie potentielle est l'énergie emmagasinée. Une pile contient une énergie potentielle en plus d'une énergie chimique.

Un aspect très important de l'énergie est qu'elle ne peut être ni créée ni détruite. Alors, quand on utilise de l'énergie, celle-ci ne disparaît pas. Elle prend tout simplement une autre forme. Prenons le cas d'une voiture qui brûle de l'essence. Le moteur transforme l'énergie chimique de l'essence en énergie mécanique. L'énergie mécanique fait fonctionner la voiture. Une partie de l'énergie chimique se transforme aussi en énergie thermique. C'est pourquoi le moteur devient chaud. L'énergie chimique de l'essence s'est transformée en énergie mécanique et en énergie thermique.

Les transformations énergétiques

La transformation d'une forme d'énergie en une autre forme s'appelle « transformation énergétique ». Voici quelques exemples de transformations énergétiques :

- Un téléviseur transforme l'énergie électrique en énergie sonore et en énergie lumineuse. Tu peux donc entendre et voir tes émissions préférées.
- Une pile de lampe de poche transforme l'énergie chimique en énergie lumineuse. Tu peux donc utiliser la lampe de poche pour voir dans la noirceur.
- Un téléphone transforme d'abord l'énergie sonore de ta voix en énergie électrique. Puis l'énergie électrique se transforme de nouveau en énergie sonore. La personne à l'autre bout du fil peut donc entendre ce que tu dis.
- Un panneau solaire transforme l'énergie électrique en énergie thermique, ce qui permet à des dispositifs de fonctionner.

un panneau solaire

Les transformations énergétiques produisent une énergie utile (une énergie qui produit du travail). Elles entraînent aussi des pertes (habituellement calorifiques ou sonores). La plupart des transformations énergétiques ne sont pas très efficaces, c'est-à-dire qu'elles entraînent aussi beaucoup de pertes d'énergie. Par exemple, ton corps transforme l'énergie chimique contenue dans la nourriture en énergie mécanique. Cela te procure l'énergie dont tu as besoin pour bouger, respirer et penser. Mais ton corps ne transforme pas très efficacement la nourriture en travail utile. La plupart du temps, son efficacité est de moins de 5 %. Le reste de l'énergie se perd sous forme de chaleur.

« Comment fonctionne l'énergie? » - Penses-y!

Les transformations énergétiques permettent à des dispositifs de fonctionner. Ces dispositifs font un travail utile pour nous. Ton réveille-matin fait appel à la transformation énergétique, tout comme ton vélo. C'est à ton tour de concevoir un dispositif qui effectuera un travail particulier. Ton dispositif peut être un objet réel, comme un jouet d'enfant, ou un objet imaginaire, tel qu'un dispositif qui tourne les pages d'un livre.

Voici quelques directives :

• Tu ne fabriqueras pas le dispositif; tu vas seulement l'imaginer et en faire le dessin.

• Ton dispositif doit faire appel à au moins une transformation énergétique.

• Sa fabrication doit nécessiter seulement des matériaux facilement accessibles.

Dessine ton dispositif sur une autre feuille. Puis réponds aux questions suivantes :

1. Ton dispositif est conçu pour faire quoi? _____

_____

2. Écris les étapes qui expliquent, dans l'ordre, le fonctionnement de ton dispositif. _____

_____

_____

_____

_____

3. Y aura-t-il une ou plusieurs transformations énergétiques? Lesquelles? Quand se produiront-elles?

_____

_____

4. Y a-t-il des pertes d'énergie dans le fonctionnement de ton dispositif? Quelle forme d'énergie se perd? Où y a-t-il des pertes?

_____

_____

_____

Montre ton dessin à une ou un autre élève. Discutez ensemble des modifications qui pourraient améliorer le fonctionnement de ton dispositif.

Dépliant sur les sources d'énergie

Conçois un dépliant sur les diverses sources d'énergie!

1RE ÉTAPE : Planifie ton dépliant

❏ Plie une feuille de papier de la façon dont ton dépliant sera plié. Avant d'écrire le texte, planifie sa disposition au crayon. Tu devrais inclure les sections suivantes :

- une description de deux types d'énergie renouvelable;
- une description de deux types d'énergie non renouvelable;
- les avantages et les inconvénients de chaque type d'énergie;
- la façon dont les gens utilisent chaque type d'énergie;
- des faits intéressants.

❏ Écris le titre de chaque section, là où elle sera placée dans ton dépliant.

❏ Choisis aussi les endroits où tu mettras des schémas ou des illustrations.

2^E ÉTAPE : Fais ton ébauche

❏ Fais une recherche pour trouver l'information à mettre dans chaque section de ton dépliant. Vérifie l'information.

❏ Lis ton ébauche pour t'assurer qu'elle a du sens, puis ajoute, enlève ou remplace des mots afin d'améliorer ton texte.

❏ Choisis les illustrations ou les schémas que tu vas mettre dans ton dépliant.

3^E ÉTAPE : Liste de vérification

❏ Mon dépliant est propre et bien organisé.

❏ Mon dépliant contient des renseignements exacts.

❏ Mon dépliant contient des illustrations ou des schémas qui conviennent à l'information donnée.

❏ J'ai vérifié l'orthographe.

❏ J'ai vérifié la ponctuation.

❏ Mon dépliant est attrayant.

Vocabulaire de l'énergie

1. Dans chacun des groupes de mots ci-dessous, encercle celui qui ne va pas avec les autres. Puis explique, sur la ligne, pourquoi il ne va pas avec les autres.

a) réduire   dépotoir   réutiliser   recycler

_____

b) charbon   gaz naturel   biomasse   pétrole

_____

c) cinétique   chimique   récoltée   gravitationnelle

_____

d) géothermique   hydroélectricité   solaire   combustibles fossiles

_____

2. Remets les lettres en ordre pour former des mots reliés à l'énergie.

a) evbnuerllaeo   _____

b) rixetera   _____

c) nsaocvneotri   _____

d) rpoelte   _____

e) famitrorsotnan   _____

3. Écris une définition de chacun des mots de la question 2.

a) _____

_____

b) _____

_____

c) _____

_____

d) _____

_____

e) _____

_____

Économiser l'énergie

Nous consommons de l'énergie chaque jour. Nous l'utilisons pour que notre vie soit plus agréable. Mais nous devons nous rappeler que les ressources énergétiques ne sont pas inépuisables. Pour maintenir notre mode de vie, nous devons utiliser nos ressources de manière judicieuse. En économisant l'énergie, nous pouvons aider d'autres personnes dans le monde à avoir une meilleure vie. Nous pouvons aussi nous assurer que les générations à venir auront suffisamment d'énergie pour satisfaire leurs besoins.

Des innovations technologiques

Beaucoup d'innovations nous aident à économiser l'énergie. En voici quelques exemples :

- Voitures électriques et hybrides : Ces voitures consomment moins d'essence. Cela réduit la quantité de pétrole utilisée.
- Plantes dans la fabrication du plastique : Les produits en plastique peuvent être fabriqués à partir de plantes. Cela permet de conserver le pétrole puisque la plupart des produits en plastique sont faits à partir de pétrole.
- Centrales solaires produisant de l'électricité : L'énergie solaire sera toujours disponible. C'est la source d'énergie la plus accessible pour la Terre. L'utilisation de l'énergie solaire permet d'économiser d'autres sources d'énergie.
- Ampoules fluorescentes compactes : Ces ampoules produisent autant de lumière que les ampoules à incandescence, mais elles utilisent moins d'énergie. Les ampoules fluorescentes compactes économisent donc l'électricité.

À la maison

Les appareils ménagers, tels que la cuisinière, sont les plus grands consommateurs d'énergie dans nos maisons. Les laveuses et les appareils de chauffage aussi. Deux programmes aident les gens à acheter des appareils ménagers et de l'équipement qui consomment moins d'énergie :

- ÉnerGuide : Il s'agit d'un programme du gouvernement du Canada. Les appareils ménagers doivent tous porter une étiquette indiquant la quantité d'énergie qu'ils utilisent.
- ENERGY STAR® : Il s'agit d'un programme international. Cette étiquette est placée sur les appareils ménagers et l'équipement de bureau dont l'efficacité énergétique est des plus élevées.

Tu as un rôle important à jouer

Tu peux faire beaucoup de choses pour économiser l'énergie. Pense à tout ce que tu fais à la maison, à l'école et partout ailleurs. Comment consommes-tu de l'énergie? Comment pourrais-tu réduire ta consommation d'énergie? Comment les autres peuvent-ils t'aider à réduire notre consommation d'énergie?

« Économiser l'énergie » - Penses-y!

1. Rédige un texte persuasif d'un paragraphe expliquant pourquoi il est important d'économiser l'énergie. Sers-toi de tes propres idées ainsi que de l'information tirée des textes dans ce cahier.

2. À ton avis, quel type d'énergie faut-il économiser le plus : l'énergie provenant du gaz naturel ou l'énergie hydroélectrique? Pourquoi?

_____

_____

_____

3. La construction de technologies solaires coûte très cher. C'est l'une des raisons pour lesquelles ces technologies ne sont pas utilisées couramment. Donne une autre raison.

_____

_____

_____

4. Tu peux aider à économiser l'énergie. Nous avons dressé une liste d'objets que tu utilises peut-être et d'activités que tu fais peut-être. Pour chaque objet et activité, explique comment tu pourrais économiser de l'énergie. Nous avons déjà donné une explication pour le premier objet.

a) Réfrigérateur : ne laisse pas la porte ouverte pendant que tu réfléchis à ce que tu veux manger.

b) Lumières dans ta chambre : _____

c) Séchoir à cheveux : _____

d) Te brosser les dents : _____

e) Laver les vêtements : _____

f) Te laver : _____

g) Téléviseur : _____

h) Ordinateur : _____

i) Lave-vaisselle : _____

j) Te rendre à l'école : _____

Explique tes idées à une ou un autre élève.

Les répercussions de l'utilisation des ressources et de l'énergie

Il est important de conserver les ressources naturelles afin qu'elles soient toujours à notre disposition dans l'avenir. Mais il y a d'autres choses à prendre en considération en ce qui a trait à l'utilisation des ressources et de l'énergie. L'utilisation des ressources et de l'énergie peut avoir diverses répercussions sur les gens et sur l'environnement.

La récolte et l'extraction de ressources naturelles peuvent avoir des répercussions. Par exemple, on extrait divers types de minéraux dans des mines à ciel ouvert. Il faut donc creuser profondément pour trouver ces minéraux. Ce type de mines peut polluer les cours d'eau et contribuer à la pollution de l'air. L'exploitation forestière (la coupe des arbres) peut aussi avoir des répercussions. Les habitats de plantes et d'animaux sont détruits. Après que les arbres ont été coupés, le sol peut être emporté par des pluies abondantes. Dans les usines de transformation, des ressources sont transformées en produits utiles. Mais ces usines contribuent aussi à la pollution de l'air et de l'eau. De plus, elles consomment de l'énergie en grande quantité.

l'exploitation minière

Aujourd'hui, au Canada, les gens se préoccupent beaucoup de l'environnement. Tous les niveaux de gouvernement ont des lois visant à le protéger. Ces lois exigent des entreprises qu'elles réduisent leur impact sur l'environnement. Beaucoup d'entreprises ont élaboré de nouvelles façons de procéder qui tiennent compte de l'environnement.

La consultation

Comment prend-on des décisions sur l'exploitation des ressources? Par exemple, que se produit-il quand une entreprise décide d'ouvrir une mine? Il y a une étape très importante dans le processus : la consultation, c'est-à-dire qu'on donne la possibilité aux gens de faire connaître leurs opinions et leurs idées. Beaucoup de gens le font : des scientifiques, des environnementalistes, des personnages politiques, des représentantes et représentants d'entreprises et des membres de la communauté. Parfois, la consultation peut durer des années avant qu'une décision soit prise.

La décision finale est prise par le gouvernement provincial ou le gouvernement fédéral, ou les deux. Avant de prendre sa décision, le gouvernement tient compte des bienfaits du projet ainsi que des préoccupations exprimées. Il se peut que la ressource exploitée soit très demandée. Si c'est le cas, la situation économique de la communauté s'améliorera. Le projet pourrait fournir de l'emploi à beaucoup de personnes dans la communauté et pourrait procurer de l'argent qu'elle pourrait utiliser pour ses écoles et ses hôpitaux.

Tout le monde a une opinion

Une importante société veut construire un barrage et une centrale pour produire de l'électricité. L'aspect négatif de ce projet est que le barrage et la centrale vont changer l'environnement. Leur construction exige qu'on déplace beaucoup de terre et qu'on construise des routes. Une partie considérable des terres au sommet du barrage devra être inondée pour servir de réservoir. Le cours normal de la rivière sera interrompu, ce qui aura des effets sur les plantes et les poissons qui vivent dans la rivière. Les touristes se rendent dans cette région parce que le paysage est magnifique. Ils aiment aussi qu'il y ait des poissons dans la rivière. La construction du barrage aurait donc des effects sur l'industrie du tourisme.

L'aspect positif du projet est que la centrale produira de l'électricité propre à prix abordable. On pourra vendre l'électricité, ce qui procurera de l'argent à la communauté. En ce moment, le tourisme n'offre que quelques emplois aux gens qui habitent près de la rivière. Beaucoup de personnes ont quitté la région. La construction du barrage fournira de l'emploi à beaucoup de monde.

Pense aux opinions qu'auraient les personnes ci-dessous. Vont-elles être en accord ou en désaccord avec le projet? Explique tes réponses.

1. La population de la ville qui a besoin d'emplois : _____

_____

_____

2. Les scientifiques qui se préoccupent de l'impact sur l'environnement : _____

_____

_____

3. Le gouvernement de la ville : _____

_____

_____

4. Les gens des communautés voisines qui veulent de l'électricité à meilleur prix : _____

_____

_____

5. Les gens qui pêchent dans la rivière : _____

_____

Choisis un point de vue

Lis cet énoncé. Il est important que les gouvernements consultent un grand nombre de personnes pour des projets tels que la construction d'un barrage et d'une centrale pour la production d'électricité. Es-tu d'accord ou non? Sers-toi du tableau ci-dessous pour planifier ton texte d'opinion.

Énonce ton point de vue	
Affirmation	**Preuve à l'appui**
Affirmation	**Preuve à l'appui**
Affirmation	**Preuve à l'appui**

Spécialiste des sciences!

_____

Tu es formidable!

Excellent travail!

Continue tes efforts!

Grille d'évaluation - Sciences

	Niveau 1 Rendement inférieur aux attentes	Niveau 2 Rendement se rapproche des attentes	Niveau 3 Satisfait les attentes	Niveau 4 Surpasse les attentes
Connaissance des concepts	• L'élève démontre une compréhension limitée des concepts. • L'élève donne rarement des explications complètes. • L'élève a besoin de beaucoup d'aide de la part de l'enseignant(e).	• L'élève démontre une compréhension satisfaisante de la plupart des concepts. • L'élève donne parfois des explications appropriées mais incomplètes. • L'élève a parfois besoin de l'aide de l'enseignant(e).	• L'élève démontre une grande compréhension de la plupart des concepts. • L'élève donne habituellement des explications complètes ou presque complètes. • L'élève a besoin de peu d'aide de l'enseignant(e).	• L'élève démontre une compréhension solide de presque tous les concepts. • L'élève donne presque toujours des explications appropriées et complètes, sans aide. • L'élève n'a pas besoin de l'aide de l'enseignant(e).
Mise en application des concepts	• L'élève établit des liens entre les concepts et le monde réel avec beaucoup d'aide de la part de l'enseignant(e). • L'élève met rarement les concepts en application de manière appropriée et précise.	• L'élève établit des liens entre les concepts et le monde réel avec l'aide de l'enseignant(e). • L'élève met parfois les concepts en application de manière appropriée et précise.	• L'élève établit des liens entre les concepts et le monde réel avec peu d'aide de l'enseignant(e). • L'élève met habituellement les concepts en application de manière appropriée et précise.	• L'élève établit, sans aide, des liens entre les concepts et le monde réel. • L'élève met presque toujours les concepts en application de manière appropriée et précise.
Communication écrite des idées	• L'élève utilise peu le processus de la pensée critique pour exprimer ses idées. • Peu de ses idées sont bien organisées et efficaces.	• L'élève utilise parfois le processus de la pensée critique pour exprimer ses idées. • Certaines de ses idées sont bien organisées et efficaces.	• L'élève utilise bien le processus de la pensée critique pour exprimer ses idées. • La plupart de ses idées sont bien organisées et efficaces.	• L'élève utilise efficacement le processus de la pensée critique pour exprimer ses idées. • Ses idées sont toujours bien organisées et efficaces.
Communication orale des idées	• L'élève utilise rarement la terminologie appropriée dans les discussions.	• L'élève utilise parfois la terminologie appropriée dans les discussions.	• L'élève utilise habituellement la terminologie appropriée dans les discussions.	• L'élève utilise presque toujours la terminologie appropriée dans les discussions.

Remarques : _____

Domaine des sciences _____

Nom de l'élève	Connaissance des concepts	Mise en application des concepts	Communication écrite des idées	Communication orale des idées	Note générale

Module : Les systèmes du corps humain

Ton système respiratoire, pages 2-4

1. a) le nez et la bouche
   b) les fosses nasales
   c) le pharynx
   d) le larynx
   e) la trachée
   f) les bronchioles
   g) les alvéoles

2. Quand tu as un rhume, ton nez et ta gorge sont congestionnés et sensibles. Cela te fait éternuer et tousser, et te donne un mal de gorge. Ton nez tente d'empêcher les microbes de se rendre dans ta gorge. Il produit donc plus de mucus que d'habitude, et c'est pourquoi ton nez coule.

Expérience : Combien d'air? page 5

1. Les réponses varieront.
2. Dans la 3e étape, l'air soufflé dans la bouteille fait sortir de l'eau. Le volume d'air qui est entré dans la bouteille est égal au volume d'eau qui en est sorti. Il faut aussi le même volume d'eau pour remplir la bouteille.

Ton système circulatoire, pages 6-7

1. a) Les réponses varieront.
   b) Les réponses varieront.
   c) Le pouls après l'exercice devrait être plus élevé.

2. a) Le pouls pris au cou est plus fort que celui pris au poignet.
   b) Les élèves devraient sentir le pouls au cou en premier.
   c) L'artère dans ton cou est plus grosse que celle dans ton poignet. C'est l'une des raisons pour lesquelles le pouls y est plus fort. De plus, ton cou est plus près de ton cœur que ton poignet, ce qui fait aussi que le pouls y est plus fort. C'est pourquoi aussi tu peux le sentir là avant de le sentir dans ton poignet. Le sang atteint ton cœur plus vite qu'il n'atteint ton poignet.

Ton appareil digestif, pages 8-9

1. a) bouche
   b) œsophage
   c) estomac
   d) intestin grêle
   e) gros intestin
   f) rectum

2. œsophage, intestin grêle, gros intestin et rectum

3. Exemples de réponses : dents - maïs bonbon; œsophage - tube de papier hygiénique; estomac - sac de plastique; intestin grêle - nouilles ramen; gros intestin - bas de nylon; foie, pancréas et vésicule biliaire - pâte à modeler ou caoutchouc mousse

4. a) Les dents du devant parce que ce sont les plus coupantes
   b) Les dents du côté et de l'arrière parce qu'elles sont plates et peuvent broyer la nourriture

Tes os et ton squelette, page 10

1. Exemples de réponses :
   a) le coude   b) la hanche   c) le cou

2. Les os supportent mes jambes.

3. Le crâne protège le cerveau.

4. Les os donnent une forme à ton corps, et les articulations permettent aux parties de ton corps de fléchir.

Tes muscles, pages 11-12

1. a) Exemples de réponses : athlète; boxeuse ou boxeur; ouvrière ou ouvrier en bâtiment; livreuse ou livreur; promeneuse ou promeneur de chiens; agricultrice ou agriculteur; pompière ou pompier; sauveteure ou sauveteur; entraîneuse ou entraîneur personnel
   b) Exemples de réponses : s'asseoir bien droit; marcher d'un endroit à un autre; s'étirer pour atteindre des objets; se servir du clavier; déplacer la souris

2. Le diaphragme

3. Les muscles sur le devant de tes bras (biceps)

4. Les muscles à l'arrière de tes bras (triceps)

5. Le cœur

Ton système nerveux, pages 13-16

Les descriptions devraient comprendre le fait que les nerfs jouent un rôle dans les réactions, l'observation et les mouvements, ainsi que dans la respiration et les battements du cœur.

1re expérience : Les élèves devraient pouvoir attraper la règle plus vite, à mesure qu'ils s'habituent à l'expérience. Dans une pièce moins éclairée, leurs réflexes seront probablement moins rapides parce qu'ils ne peuvent pas voir la règle aussi clairement.

2e expérience : Les résultats varieront.

3e expérience : Croiser les doigts embrouille ton cerveau. Ton cerveau ne reçoit habituellement pas ce type de signal de tes doigts. Il croit que tu touches deux choses distinctes.

Le soleil et la vitamine D, pages 17-18

1. Exemples de réponses : Porter une crème solaire; couvrir ta peau; limiter ton exposition au soleil; rester à l'intérieur pendant la période la plus chaude de la journée

2. Exemples de réponses : Faire des exercices dehors; faire des activités dehors avec tes amies et amis; lire dehors; aider à faire des tâches dehors; manger un repas dehors; faire une promenade

3. Avantages - Tu obtiens la vitamine D pour renforcer tes os et combattre les maladies; tu es dehors à respirer l'air frais; tu bouges probablement et tu fais de l'exercice; le soleil rend la plupart des gens plus heureux. Inconvénients : Un coup de soleil qui endommage ta peau (peut mener à un cancer); tu peux avoir trop chaud; tu peux te déshydrater

Une alimentation saine - Sujets de journal, page 19
Vérifiez que les élèves utilisent l'information apprise pour présenter des arguments logiques.

Bonne condition physique et santé, pages 20-21
1. Exemples de réponses : manger des aliments nourrissants; boire beaucoup d'eau; faire de l'exercice chaque jour; dormir suffisamment; porter un équipement de protection; ne pas fumer; utiliser une crème solaire; s'exposer assez longtemps au soleil
2. Exemples de réponses : plus d'énergie, corps et cœur en santé, respiration plus facile, muscles plus forts, plaisir

Conçois un jeu sur le corps humain, page 22
Les jeux varieront. Encouragez les élèves à tester leur jeu avec une ou un autre élève, et à faire des commentaires par la suite.

Module : L'effet des forces sur les structures et les mécanismes

Deux forces de base : la poussée et la traction, pages 23-24
1. a) Tu pousses la souris dans toutes les directions pour déplacer le curseur. Tu éloignes la souris de toi pour faire monter le curseur. Tu la tires vers toi pour faire descendre le curseur.
   b) Tu pousses et tu tires ta brosse à dents pour la déplacer sur tes dents. Tu l'appuies sur tes dents pour exercer une légère pression.
   c) Tu pousses sur les pédales pour faire avancer ton vélo. Pour tourner, tu pousses le guidon avec une main et tu tires dessus avec l'autre main. Pour arrêter, tu tires ou presses les leviers de frein. Pour changer de vitesse, tu pousses ou tires sur la manette de dérailleur.
2. Exemple de réponse : Au volleyball, tu pousses sur le ballon pour servir. Tu pousses aussi sur le ballon pour le retourner au-dessus du filet pendant le jeu. La gravité attire le ballon vers le sol.
3. La poussée provoque un changement dans la forme du ballon. Elle le force à devenir plus gros et plus arrondi.

Les forces et les structures, pages 25-26
1. charge permanente; les tuyaux ne bougent pas et restent toujours là
2. charge permanente; l'ascenseur est fixé à la structure de manière permanente; les personnes qui s'y trouvent constituent une surcharge
3. surcharge; les personnes qui travaillent dans l'immeuble bougent et peuvent partir
4. surcharge; le vent ne souffle pas toujours
5. charge permanente; les balcons sont fixés à l'immeuble de manière permanente

Quatre types de forces internes, pages 27-28
1. Compression; le poids du corps de Ling appuie sur le matelas. Le matelat s'amincit.
2. a) François exerce une tension sur la corde. La cheville d'accord tire sur la corde. La corde s'étire quand François la serre.
   b) François tourne la cheville d'accord. Il exerce donc une torsion sur la cheville. La torsion est une force qui tord ou tourne.
3. Maria et Marco exercent une flexion sur le fil de fer. Ils le plient pour lui donner une forme circulaire. La flexion implique aussi une compression et une tension.
4. Une tension s'exerce sur la ligne à pêche parce qu'elle est tirée à ses deux extrémités. M. Roberge tire sur une extrémité pour ramener le poisson. Le poisson tire sur l'autre extrémité en essayant de s'éloigner.

Expérience : Matériaux et forces, pages 29-30
Les réponses varieront puisque l'échelle d'évaluation est subjective. Vous pouvez demander aux élèves de comparer à deux les résultats qu'ils ont obtenus avec chaque objet.

Forces et formes, pages 31-32
1. Une compression
2. a) Une compression
   b) Une tension
3. a) Le poids de la neige exerce une pression sur le toit, ce qui peut le faire fléchir ou s'effondrer.
   b) Le toit en triangle serait plus solide. Les côtés en pente permettent à la neige de glisser. (La gravité l'attire vers le sol.) La neige ne peut pas glisser sur un toit plat. Le poids de la neige peut faire s'effondrer le toit.
   c) La pluie s'écoule vite du toit.
4. a) Un dôme et un arc
   b) Créer des contreforts en empilant la neige des deux côtés de l'arc.

Quatre types de ponts, pages 33-34

1. Externes, parce qu'elles sont temporaires

2. a) Une compression s'exerce sur les blocs. Le poids de la personne sur le pont est transféré de la planche aux blocs, et appuie sur les blocs.

b) Une flexion, ou une compression sur le dessus de la planche, et une tension sur le dessous.

c) Interne parce qu'il fait partie du pont

3. a) Il t'indique le poids que le pont devra soutenir pour chaque autocar.

b) Il indique le poids maximal que le pont pourrait devoir supporter.

Le défi du pont à pailles de plastique, page 35

Les designs varieront. Vérifiez que les élèves ont tenu compte de la solidité des formes et du type de pont.

Attention au vent! pages 36-37

1. Exemples de réponses : Un sous-sol est construit sous terre. La force du vent ne peut pas pousser sur ses murs. Il y a peu de risque que le vent les fasse s'écrouler.

2. Une couverture te protège des morceaux de verre et d'autres objets projetés par le vent.

3. Les anneaux à pointes des clous s'accrochent au bois environnant, ce qui les empêche de se faire arracher des planches.

4. La forme arrondie d'un dôme permet au vent de souffler autour et par-dessus. Le vent exerce donc moins de force sur un dôme que sur une maison aux murs verticaux.

Protège-toi! pages 38-39

1. Les gardiens de but bloquent des lancers avec leurs jambes. Les jambières épaisses protègent leurs jambes contre la force exercée par une rondelle projetée vers eux.

2. a) Quand tu cours, tes pieds frappent le sol avec plus de force que lorsque tu marches. L'impact peut causer des blessures. Les semelles coussinées aident à absorber une partie de l'impact.

b) Une compression s'exerce quand le poids de ton corps pousse ton pied contre le sol. Les semelles fléchissent parce que l'arrière de la chaussure quitte le sol avant le devant. Des semelles qui ne pourraient pas résister à ces forces se fendilleraient et se briseraient.

3. Si ton casque est trop serré, ta tête exerce déjà une compression sur la mousse. La mousse compressée fournit une protection moindre. Elle ne peut pas bien absorber la compression exercée par des forces extérieures.

4. La gravité fait que les objets accélèrent en s'approchant de la Terre. Un planchiste qui se tient debout frappera donc le sol avec une plus grande force qu'un planchiste plus proche du sol. Ce dernier se blessera moins gravement.

Les structures et l'environnement, pages 40-41

1. Exemples de réponses : Endommage le terrain d'où sont tirés les matériaux; le transport et le traitement des matériaux contribuent à la pollution; la construction endommage le terrain autour du chantier.

2. Exemples de réponses : Le moteur du traversier brûle de l'essence, ce qui contribue à la pollution de l'air. L'essence et l'huile du traversier peuvent s'écouler dans la rivière, ce qui nuirait aux plantes et aux poissons. Le bruit du moteur et de l'hélice pourrait nuire aux populations de plantes et de poissons.

3. a) Ils préféreraient le pont parce qu'il leur procurerait des emplois.

b) Elles préféreraient probablement le pont parce que le traversier les empêcherait de pêcher et pourrait endommager l'habitat des poissons.

Interrogation sur les forces et les structures, page 42

1. vitesse, direction, forme

2. La force d'attraction de la gravité fait ralentir la balle pendant qu'elle monte. Bientôt, la balle change de direction quand la gravité l'attire vers le sol. La balle se déplace de plus en plus vite à mesure qu'elle s'approche de la Terre.

3. Des forces externes sont exercées par des choses qui ne font pas partie de la structure. Des forces internes agissent à l'intérieur de la structure.

4. a) torsion
b) flexion
c) tension
d) compression

5. Exemples de dessins : triangle, dôme

6. Les réponses varieront.

Module : Les propriétés et les changements de la matière

Qu'est-ce que la matière? pages 43-44

1. Tous les exemples donnés sont faits de matière.

2. a) B
b) Les deux objets ne contiennent pas nécessairement le même nombre de particules (ou la même quantité de matière).

3. a) un melon d'eau
b) un 25 ¢

4. a) le volume
b) un plus grand volume

Les propriétés de la matière, pages 45-46

1. Exemples de réponses : Le coton est doux et n'égratigne pas la peau ou la vaisselle; il peut facilement changer de forme ce qui fait qu'une personne peut s'essuyer ou essuyer la vaisselle plus facilement; il ne se dissout pas dans l'eau.

2. a) Un haut degré

   b) Exemples de réponses : rouge, sucré, froid, liquide

3. Elle te permet de voir ce qu'elle enveloppe.

4. La poudre ne s'est pas bien dissoute et une partie de la poudre s'est déposée au fond.

5. Exemples de réponses : dur, à la bonne hauteur pour écrire, brun, métal

Expérience : Les liquides se dissolvent-ils tous dans l'eau? pages 47-48

1-6. Les observations varieront. L'alcool et le sirop de maïs devraient sembler se dissoudre.

7. Non, les liquides ne se dissolvent pas tous dans l'eau.

Les états de la matière, pages 49-59

1. Solide - un crayon, un élastique

   Liquide - une goutte d'eau, l'encre dans un marqueur, de la lave qui coule

   Gaz - l'oxygène dans l'air, la vapeur produite par une soupe chaude

2. a) Faux

   b) Faux

   c) Faux

   d) La substance doit être un gaz parce qu'elle n'a pas de volume défini. Elle peut aussi s'étendre pour prendre plus d'espace sans changer d'état. Les solides et les liquides ne peuvent pas faire cela.

3. a) Un gaz

   b) Le gaz s'est répandu pour remplir son contenant (l'ascenseur). L'odeur (qui est une propriété du gaz) est aussi forte partout dans l'ascenseur.

Expérience : Dans quel état est-ce? pages 51-52

Note explicative : La mousse à raser est faite de savon liquide. Elle contient beaucoup de petites bulles de gaz. Le gaz ajoute un peu de rigidité au savon liquide. C'est pourquoi la mousse garde sa forme et peut supporter une pièce d'un cent. Après une exposition à l'air pendant deux ou trois jours, le gaz s'est échappé dans l'air et a laissé un savon solide. Il a aussi laissé de minuscules vides, là où les bulles se trouvaient. La mousse à raser fraîche est un liquide combiné à un gaz. La mousse à raser exposé à l'air pendant deux ou trois jours est un solide.

Les changements d'état de la matière, pages 53-55

1. a) gaz, liquide

   b) solide, fusion

   c) gaz

   d) condensation solide

   e) évaporation

   f) liquide, solide

   g) absorption

   h) absorption

   i) dégagement

   j) dégagement

   k) absorption

   l) dégagement

2. a) évaporation

   b) condensation solide

   c) congélation

Changements physiques et changements chimiques, pages 56-57

1. Changements physiques - De la lave en fusion qui se solidifie; briser un œuf; faire une boule de papier aluminium; briser un verre

   Changements chimiques - Faire cuire de la pâte à biscuits; du pain qui moisit; faire cuire du riz; allumer une allumette; digérer de la nourriture; faire rôtir du pain

Expérience : Observer un changement chimique, pages 56-57

1. Le dessin de gauche devrait représenter un ballon dégonflé, et le dessin de droite devrait représenter un ballon gonflé.

2. Des bulles se forment dans le liquide, et le ballon se gonfle.

3. Le ballon subit un changement physique parce que ce changement peut être reproduit en sens inverse : le ballon peut être dégonflé.

La science au déjeuner, page 60

Exemples de réponses :

Jus d'orange - faire fondre et mélanger (P)

Œufs brouillés - briser et mélanger (P), faire cuire (C)

Rôties - faire rôtir (C), trancher (P)

Bacon - faire frire (C)

Crêpes - mélanger (P), faire cuire (C)

Gruau - faire cuire dans l'eau (P)

Pourquoi les gaz sont-ils importants? pages 61-62

1. Un gaz s'étend pour remplir son contenant (le coussin de sécurité).

2. Le purificateur d'air solide change d'état et devient un gaz. Il répand un parfum, et le parfum s'étend dans toute la pièce. C'est parce qu'un gaz s'étend pour remplir son contenant. Le purificateur d'air passe de l'état solide à l'état gazeux. Il le fait sans passer d'abord à l'état liquide (fusion). Le purificateur d'air subit donc une sublimation.

Réfléchis bien : Le matériau dont est fait le ballon a des trous microscopiques. Les particules d'hélium s'échappent par ces trous au fil du temps. (Les ballons remplis d'hélium sont souvent faits d'un matériau contenant de l'aluminium. C'est parce que l'aluminium a moins de trous microscopiques que le latex. Le ballon fait de ce matériau se dégonflera donc plus lentement.)

Révision des changements d'état, page 63

1. fusion, absorption
2. évaporation, absorption
3. condensation solide, dégagement
4. congélation (ou solidification), dégagement
5. condensation, dégagement
6. sublimation, absorption

Mots cachés - La matière, page 64

1. solide
2. volume
3. physique
4. solubilité
5. gaz
6. masse
7. viscosité
8. chimique

Z	U	M	J	H	B	E	U	Q	I	S	Y	H	P
M	A	S	S	E	R	E	L	E	G	N	O	C	R
T	R	E	C	W	Y	O	Q	E	I	A	C	L	O
S	O	L	U	B	I	L	I	T	E	V	Z	U	P
O	R	U	S	X	D	N	O	I	S	U	F	Z	R
L	B	C	P	V	N	A	E	S	Y	H	G	O	I
I	L	I	Q	U	I	D	E	O	P	M	U	F	E
D	O	T	J	E	Z	B	D	C	K	A	N	A	T
E	V	R	T	V	D	I	S	S	O	U	D	R	E
H	I	A	C	M	E	U	Q	I	M	I	H	C	X
Y	T	P	F	K	A	T	G	V	O	L	U	M	E

Module : L'économie de l'énergie et des ressources

Les ressources naturelles, pages 65-66

1. Exemples de réponses : Êtres vivants - feuilles, oiseaux, grenouilles, escargots, herbe
   Matières non vivantes : sol, volcans, or, aluminium, montagnes
2. a) renouvelable
   b) non renouvelable
   c) renouvelable
   d) non renouvelable
   e) renouvelable
   f) renouvelable
   g) non renouvelable
   h) renouvelable
3. Les bouteilles de verre sont faites à partir d'une ressource renouvelable. Il y a toujours du sable qui se forme par l'érosion de la roche. Le sable est donc une ressource renouvelable. Les bouteilles de plastique sont faites à partir d'une ressource non renouvelable, c'est-à-dire le pétrole.

L'utilisation des ressources, pages 67-68

1. Les produits ne ressemblent pas aux ressources à partir desquelles ils sont faits.
2. Exemples de réponses :
   a) Les poissons, crustacées, plantes, animaux
   b) Tous les minéraux, le charbon, le gaz naturel
3. Le minerai de cuivre contient du cuivre, mais il contient aussi d'autres éléments. Le cuivre utilisé dans la fabrication des tuyaux est du cuivre pur.
4. L'ordre des étapes :
   1) Des arbres sont abattus.
   2) On enlève l'écorce des arbres.
   3) Les billots sont découpés en copeaux.
   4) On cuit les copeaux dans des produits chimiques pour faire la pâte.
   5) On blanchit la pâte.
   6) On fait sécher la pâte et on la presse pour en faire du papier.
   7) On applique une couche du produit convenant à la finition désirée.
   8) Le papier est coupé en feuilles, qui sont ensuite emballées.

La conservation des ressources, pages 69-70

1. Exemples de réponses

Je peux réduire en...	Je peux réutiliser en...	Je peux recycler en...
- utilisant les deux côtés d'une feuille de papier - achetant des articles dont l'emballage est réduit au minimum - apportant mes propres sacs quand je magasine - buvant de l'eau du robinet plutôt que d'acheter de l'eau en bouteille	- réutilisant le papier d'emballage et les sacs dans lesquels on m'offre des cadeaux - donnant des objets que je ne veux plus ou en les vendant au cours d'une vente-débarras - fabriquant, avec des boîtes de carton ou de conserve, mes propres contenants pour mes crayons et d'autres objets	- plaçant le papier, le verre et les boîtes de conserve dans les bacs à recyclage - compostant les déchets alimentaires et en utilisant le compost dans mon potager - recueillant l'eau de pluie et en l'utilisant pour arroser mes plantes plutôt que d'utiliser l'eau du robinet

2. Si tu utilises toutes les parties d'un animal, tu obtiens beaucoup d'objets utiles. Tu n'as pas besoin d'autres ressources pour fabriquer des objets que tu as déjà fabriqués à partir des parties de l'animal.

3. Si tu te déplaçais d'un endroit à un autre au fil de l'année, tu n'utiliserais pas toutes les ressources à ta disposition dans un endroit en particulier. Les ressources, comme les plantes et les animaux, deviendraient plus nombreuses si tu n'étais pas là pour les exploiter.

4. Beaucoup de gens pensent que les humains sont les êtres les plus importants et que leurs besoins passent avant toute autre préoccupation.

Les formes d'énergie, pages 71-72

1. a) mécanique
b) mécanique
c) chimique
d) thermique
e) électrique

2. Ce sont des sources d'énergie renouvelables parce qu'elles sont toujours disponibles. Elles ne s'épuiseront jamais.

3. Ce sont des sources d'énergie non renouvelables parce qu'elles peuvent s'épuiser. Elles mettent des millions d'années à se former.

4. L'énergie éolienne pourrait être importante là où le vent souffle toujours ou la plupart du temps. Mais elle ne pourrait pas être utilisée là où il y a très peu de vent.

5. Les réponses pourraient comprendre ceci : Il y a beaucoup de types de combustibles fossiles dans le monde en ce moment. On trouve souvent des combustibles fossiles sur de grandes étendues. Alors, quand on creuse une mine pour extraire du charbon, il y a beaucoup de charbon à extraire.

Réflexion sur les mots : Exemples de réponses - La *biologie* est l'étude des êtres vivants. La *géographie* est l'étude de la surface de la Terre. Un *hydroglisseur* est un type d'embarcation qui se déplace très vite sur l'eau.

Les combustibles fossiles, pages 73-74

1. Exemple de réponse : des plantes ont coulé jusqu'au fond d'un marécage - les plantes ont formé de la tourbe - la tourbe a été recouverte de matériaux qui se sont transformés en roche - d'autres couches de roche se sont formées - le poids de la roche a pressé la tourbe et en a extrait l'eau - la tourbe s'est transformée en gaz naturel, en pétrole ou en charbon

2. Exemple de réponse : Il serait plus facile de forer sur la terre ferme parce que la terre ne bouge pas. On peut y placer le matériel sans inquiétude. Pour forer au fond de l'océan, il faudrait construire quelque chose comme un radeau pour y mettre le matériel. Le radeau pourrait se déplacer, ce qui serait dangereux. Il faudrait aussi que la foreuse se rende jusqu'au fond de l'océan avant d'atteindre le sol.

3. Le gaz naturel peut être dangereux parce qu'il brûle facilement. S'il n'a pas d'odeur, tu pourrais ne pas savoir qu'il y a une fuite de gaz. Tu pourrais mettre accidentellement le feu ou provoquer une explosion. L'odeur ajoutée te permet de sentir le gaz qui fuit et de quitter le bâtiment où tu te trouves. Tu peux ensuite appeler quelqu'un qui viendra réparer la fuite avant qu'il y ait un incendie ou une explosion.

Notre consommation d'énergie, pages 75-76

1. Exemples de réponses : On utilise des machines pour fabriquer des objets ou pour faire des tâches. Toutes les machines ont besoin d'énergie pour fonctionner. Beaucoup d'objets, comme les voitures et les jouets, sont fabriqués par des machines dans des usines. Des machines transforment les ressources naturelles pour en faire du cuivre et du bois. Des machines extraient des combustibles fossiles du sol. On en utilise aussi pour cultiver la terre et abattre des arbres. Comme il utilise des machines pour faire plein de choses, le secteur industriel consomme beaucoup d'énergie.

2. Des gens qui utilisent du propane ou du bois pourraient habiter loin d'une ville. Il se peut qu'ils ne puissent pas compter sur l'électricité ou le gaz naturel là où ils vivent. Certaines personnes préfèrent utiliser du bois plutôt que des combustibles fossiles.

3. De nos jours, les gens possèdent beaucoup d'appareils ménagers. Ils ont aussi beaucoup de dispositifs électroniques, tels que des téléviseurs et des lecteurs de CD. Il y a des ordinateurs dans la plupart des maisons, ce qui n'était pas le cas il y a 20 ans.

4. Exemple de réponse : Dans la cuisine parce qu'elle contient beaucoup d'appareils qui consomment de l'énergie.

Comment fonctionne l'énergie? pages 77-78

Les designs varieront. Assurez-vous qu'ils tiennent compte des directives dans leurs dessins.

Vocabulaire de l'énergie, page 80

1. a) dépotoir; il ne conserve pas les ressources
   b) biomasse; il s'agit d'une source d'énergie renouvelable
   c) récolté; il ne s'agit pas d'une forme d'énergie
   d) combustibles fossiles; il s'agit d'une source d'énergie non renouvelable

2. a) renouvelable
   b) extraire
   c) conservation
   d) pétrole
   e) transformation

3. Exemples de réponses :
   a) peut être remplacé par la nature ou au moyen de bonnes pratiques de gestion
   b) retirer, souvent avec beaucoup de force et d'efforts
   c) préservation et protection de quelque chose; gestion prudente des ressources
   d) huile noire extraite de sous la surface de la Terre; combustible fossile; aussi appelé « brut »
   e) changement de forme

Économiser l'énergie, pages 81-83

1. Vérifiez que les arguments sont appuyés par des faits.

2. Le gaz naturel parce qu'il s'agit d'une ressource non renouvelable. Elle s'épuisera donc avec le temps. L'énergie hydroélectrique est une énergie produite avec de l'eau, et l'eau est une ressource renouvelable.

3. Exemples de réponses : Les technologies solaires ne fonctionnent que là où il y a beaucoup de soleil. Plusieurs endroits ne reçoivent pas suffisamment de lumière solaire. Les technologies solaires ne peuvent produire de l'énergie que pendant la journée. Nous avons besoin d'énergie jour et nuit. L'énergie produite pendant la journée ne suffirait peut-être pas pour la nuit aussi.

4. Exemples de réponses :
   b) Ferme les lumières quand tu quittes ta chambre.
   c) Laisse l'air ambiant sécher tes cheveux.
   d) Ne laisse pas l'eau couler pendant que tu te brosses les dents.
   e) Lave les vêtements seulement quand tu peux remplir la laveuse. Utilise de l'eau froide.
   f) Prends une douche plutôt qu'un bain.
   g) Achète un téléviseur dont l'efficacité énergétique est élevée.
   h) Ferme l'ordinateur quand tu ne l'utilises pas. Utilise un ordinateur portatif plutôt qu'un ordinateur de bureau.
   i) N'utilise pas le cycle de séchage pour faire sécher la vaisselle.
   j) Marche, ou encore prends ton vélo ou l'autobus pour te rendre à l'école.

Les répercussions de l'utilisation des ressources et de l'énergie, pages 84-85

Exemples de réponses :

1. En accord; la construction du barrage et le fonctionnement de la centrale procureront des emplois

2. En désaccord; le barrage aurait des effets négatifs sur les plantes et les animaux de la région

3. En accord; la ville a besoin d'argent pour ses écoles, ses hôpitaux et la construction de ses routes

4. En accord; ils seront d'avis que l'électricité produite localement coûte moins cher

5. En désaccord; les populations de poissons pourraient être réduites ou disparaître

Choisis un point de vue, page 86

Les réponses varieront. Exemples de réponses : Les gouvernements doivent consulter beaucoup de personnes afin d'avoir le plus grand nombre de points de vue possible. Ils doivent considérer tous les aspects d'un projet avant de prendre une décision. Un grand nombre de personnes leur fourniraient beaucoup d'idées sur lesquelles réfléchir.